É câncer!

O relato de um homem com tumor na próstata e tudo o que você deve saber sobre o assunto: do diagnóstico à cura

José Alberto de Camargo
e Camilo Vannuchi

É câncer!

O relato de um homem com tumor na próstata e tudo o que você deve saber sobre o assunto: do diagnóstico à cura

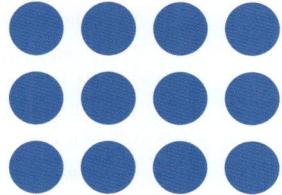

OIRÃ

Copyright © 2008 BEĨ
Todos os direitos desta edição reservados à BEĨ

Texto
José Alberto de Camargo e Camilo Vannuchi

Coordenação editorial, capa e produção gráfica
OIRÃ

Produção Editorial
Equipe OIRÃ

Equipe OIRÃ
DIREÇÃO EDITORIAL: Marisa Moreira Salles e Tomas Alvim
EDITORIAL: Francesca Angiolillo, Laura Aguiar, Marcelo Pen e Ricardo Ditchun
ASSISTENTES: Andressa Paiva, Fernanda Quinta e Laura Folgueira
DIREÇÃO DE ARTE: Marisa Moreira Salles
ARTE: Alexandre Costa, Américo Freiria e Yumi Saneshigue
ASSISTENTES: Paulo Albergaria e Rosilene de Andrade
ESTAGIÁRIO: William Rabelo
PRODUÇÃO GRÁFICA: Luis Alvim
DIREÇÃO COMERCIAL: Tomas Alvim
MARKETING: Adriana Domingues
ADMINISTRATIVO: Ana Paula Guerra e Gercilio Corrêa
ASSESSORIA DE IMPRENSA: Paula Poleto
VENDAS: Ana Maria Capuano e Tatiane de Oliveira Lopes
COMERCIAL PATROCÍNIO: Fernanda Gomensoro

Ilustrações
Vicente Mendonça

Colaboradores
Projeto gráfico: Mariângela Araújo
Apoio administrativo: Simone Amâncio

Preparação de texto
Ibraíma Dafonte Tavares e Telma Baeza Gonçalves Dias

Revisão de texto
Ana Maria Barbosa, Ibraíma Dafonte Tavares e Telma Baeza Gonçalves Dias

Premedia e impressão
RR Donnelley

Dados Internacionais de Catalogação na Publicação (CIP)
(Câmara Brasileira do Livro, SP, Brasil)

Camargo, José Alberto de
É câncer!: o relato de um homem com tumor na próstata e tudo o que você deve saber sobre o assunto: do diagnóstico à cura / José Alberto de Camargo, Camilo Vannuchi. – São Paulo: Oirã, 2008.

Bibliografia.
ISBN: 978-85-61630-00-3

1. Camargo, José Alberto de 2. Câncer – Pacientes – Autobiografia
3. Próstata – Câncer 4. Próstata – Doenças I. Vannuchi, Camilo. II. Título.

08-04288   CDD-616.650092
     NLM-WJ 750

Índice para catálogo sistemático:
1. Câncer de próstata: Pacientes: Autobiografia   616.650092

Nota ao leitor
Se você quiser acompanhar a jornada de um homem na luta contra o câncer, leia os capítulos ímpares. Eles contam a história real vivida por José Alberto de Camargo.

Se você quiser aprender mais sobre o câncer de próstata, entender a doença, conhecer as estatísticas que a cercam e descobrir formas de prevenção, diagnóstico e tratamento, leia os capítulos pares.

Para adquirir uma visão integral do tema, sem abrir mão de boa literatura, leia o livro todo. É o que recomendamos.

Os editores

A leitura deste livro não exclui a necessidade de orientação médica. Visite regularmente um urologista e, em caso de câncer, procure um oncologista.

Sumário

1 É câncer! • 11

2 O câncer de próstata • 19

3 Violino e viola caipira • 41

4 Exames diagnósticos • 63

5 Missão secreta • 85

6 Formas de tratamento • 107

7 Fogo! Fogo! • 147

8 Todo cuidado é pouco • 163

9 Batalha-naval • 183

10 Pouca saúde e muita saúva • 199

11 Você levou um tiro? • 225

Glossário • 237

Bibliografia • 249

Agradecimentos • 253

"É uma estupidez não ter esperança."
Santiago, personagem de *O velho e o mar*, de Ernest Hemingway

Capítulo 1
É câncer!

É câncer!

Você, homem experiente e maduro, já ouviu alguma vez palavras tão assustadoras? Já foi surpreendido pela voz de um médico, terrivelmente nítida, a confirmar com absoluta certeza o diagnóstico? Sentiu, em alguma ocasião, como se tal sentença reverberasse nas paredes do consultório, ricocheteasse na escrivaninha e penetrasse feito aço em sua alma? Algum dia o leitor foi obrigado a conciliar as palavras – ásperas e desconexas como se proferidas em estranho dialeto – e, instantes depois, pôs-se a caminhar sem rumo, faltando-lhe não apenas o chão, mas também o norte?

É possível que isso tenha lhe acontecido há uma semana ou duas. Talvez tenha sido há mais tempo, o suficiente para que você se considere um vencedor.

Pois comigo aconteceu em fevereiro de 2003.

Ainda hoje, lembro-me com aflição dessa maldita sentença. Litros de suor tomaram de assalto minha face. Um suor frio, ágil, veloz, brotava da minha testa e espalhava-se por meu corpo como se, de imediato, sinalizasse em mim o rápido surgimento de metástases. Decerto, o suor não era outra coisa senão o próprio câncer em ebulição...

Não me lembro de ter suado assim em nenhum outro momento da minha vida – e olha que lá se vão 73 anos! Nem no primeiro beijo. Nem na primeira transa ou no primeiro emprego. Nem sequer no dia em que sofri um acidente de avião e, após um pouso sem reverso, tive de amputar três dedos do pé.

Provavelmente, minha única experiência semelhante ocorrera em 1978, quando decolei do Aero Rural (hoje aeroporto Teruel), nos arredores de Campo Grande, ao comando de um Cessna 182.

Naquela época, eu era vice-presidente da Fazenda Bodoquena S. A., empreendimento agropecuário que ocupava mais de 400 mil hectares nos arredores de Miranda, cidade localizada a 212 quilômetros da capital do Mato Grosso do Sul. Habilitado para a condução de monomotores, eu costumava cumprir sozinho a distância que separa Campo Grande da sede da fazenda, situada ao lado da estação de Guaicurus, onde o comboio ferroviário da Noroeste do Brasil tomava fôlego para penetrar no Pantanal em direção à Bolívia. De cima, bastava uma hora e meia de vôo, sobre a exuberante paisagem da Serra da Bodoquena.

Tão logo sobrevoei a cidade de Aquidauana, o tempo fechou. Decidi seguir por cima das nuvens, acreditando que aquela densa camada logo sumiria. Acabei me perdendo e, após duas horas e meia de vôo, entrei em pânico. A noite se aproximava e eu sem coragem de furar a neblina. Temia me chocar com a serra ao tentar descer. Minhas mãos, molhadas de suor, escorregavam do manche. Quando, finalmente, consegui inclinar o bico do Cessna e vencer o atoleiro de nuvens, dei de cara com o Rio Miranda, velho conhecido. Dali eu sabia exatamente que rumo seguir.

Vinte e cinco anos depois, o resultado de um exame de PSA e o diagnóstico confirmado às pressas por um médico rude, ao telefone, me fariam suar da mesma forma.

E como suei! Era eu, naquele momento, o pico nevado do Everest, derretendo sob um forte sol de 40 graus, vitimado pelo aquecimento global e pela intensa emissão de carbono. Sentia-me exatamente como a última pedra de gelo num copo de uísque, desfazendo-se até sumir por completo. Um homem em extinção.

É câncer! O suor que corria em mim ao ouvir aquela sentença tinha um nome: medo. Medo-pavor. Medo-desespero. Ou medo, simplesmente, sem sobrenome.

Um medo translúcido e severo, sem espaço para réplica. Medo irreversível, como fogo no paiol. Inconveniente como criança diante de um brinquedo na vitrine: *eu quero, eu quero, eu quero!* Medo que não dá margem a manobra, barganha, discussão.

Como reverter aquela sentença? A quem recorrer para pedir uma segunda chance, uma nova audiência, outro julgamento? A que santo guerreiro clamar diante daquele sombrio dragão da maldade?

Câncer! Que palavra mais sem propósito. Tantas vezes eu havia me deparado com ela nos jornais, nas revistas, nas campanhas do Ministério da Saúde, e nunca havia me prontificado a olhá-la mais de perto. Para dizer a verdade, poucas vezes dera atenção ao tema, como se ele jamais dissesse respeito a mim, apenas aos outros.

Naquele momento, notei quanto fora displicente em relação à minha saúde. Apesar de sempre contar com a cobertura dos melhores planos, eu raramente me dispunha a cumprir a batelada de exames recomendada pelos médicos. Fazia, em geral, não mais do que um exame de sangue esporádico, no qual costumava buscar apenas minha taxa de colesterol e a contagem de triglicérides. Câncer não costumava ser uma preocupação.

E foi assim, em um exame de rotina, quase sem querer, que o câncer surgiu diante de mim, pronto para colocar minha vida de pernas para o ar. Tímido, sem muita convicção, saiu de seu esconderijo aos tropeções, disposto a me pregar uma peça: Buuuu!

Da mesma forma que algumas expressões nos despertam fascínio e interesse – como sexo, praia e dinheiro –, há aquelas que nos afastam, repelem, empurram para longe. "Câncer" é uma delas. Ô palavra estúpida! Só de pronunciá-la, já perdemos o fôlego, como se uma bola de futebol nos atingisse o estômago. Só de pronunciá-la, um calafrio percorre a espinha e arrepia os pêlos dos braços.

Primeiro, senti medo de morrer. Doença ingrata, para a qual não há vacina nem antibiótico, como combatê-la? Em seguida, houve o medo do futuro: dor, sofrimento, degeneração – como se a doença, montada em minhas costas, contasse, um por um, os minutos que me restavam. Por fim, o medo da ausência: minha família e meus amigos poderiam precisar de mim; talvez até a Companhia...

Logo o medo foi substituído pela culpa. Havia sido eu quem causara meu câncer? Por certo, eu deveria ter me cuidado mais, me alimentado melhor, cumprido à risca todas as etapas da prevenção. Mas como prevenir o câncer de próstata? Meu Deus, eu não sabia!

Em toda a vida, aprendi que fumar provoca câncer no pulmão, que consumir álcool em excesso é prejudicial para o fígado, que usar protetor solar reduz a possibilidade de câncer de pele, que ingerir fibras diariamente conta pontos na prevenção do câncer de intestino...

Mas o que fazer para riscar do mapa o câncer de próstata? Haveria receita? Eu a desconhecia. E, se não havia receita, o que eu teria feito de errado? Muito sexo? Pouco sexo? Muita masturbação na adolescência? Estresse? Pessimismo exacerbado diante dos problemas? Alguma deficiência nutricional?

Por que, afinal, aquilo estava acontecendo comigo? Nem meu pai nem minha mãe tiveram câncer. Nem sequer meus avós, maternos e paternos. Ninguém na minha família, enfim, havia passado por aquilo. Por que comigo tinha de ser diferente? Uma pergunta martelava minha cabeça: *Por que eu?* Uma questão, mais urgente do que todas as outras, fazia o medo se transformar em ódio: *Por que eu?*

Injustiça, rancor e abandono eram algumas das sensações que me afligiam. Teria sido mau agouro, praga, mau-olhado? De quem? Por quê?

Metódico, passei a conectar os fatos e a estabelecer paralelos lógicos entre eles. Provavelmente, o câncer era o castigo divino por eu ter feito do trabalho minha rotina, em detrimento da vida familiar. Ou então o preço que eu teria de pagar por ter acumulado privilégios e possuir um patrimônio razoável, que, não fosse o câncer, me permitiria aproveitar a velhice sem sobressaltos nem chateações.

Em quase três décadas de trabalho à frente da Companhia Brasileira de Metalurgia e Mineração (CBMM), empresa que extrai e processa um metal chamado nióbio, no interior de Minas Gerais, eu contava nos dedos de uma única mão os anos em que havia tirado férias. Minhas viagens, quase sempre a negócios, se resumiam a Araxá, onde fica a planta industrial da CBMM, e aos três países onde tínhamos subsidiárias: Estados Unidos, Alemanha e Japão. Agora me culpava por não ter ficado mais tempo descalço. O câncer vinha me entregar a fatura.

Preço, castigo, retaliação – eram essas as palavras em que eu pensava enquanto aquele maldito suor empapava minha camisa. Havia um abismo ao meu lado. Qualquer pedra solta me faria mergulhar na escuridão. E, como no Cessna 182 que me levava à Fazenda Bodoquena 25 anos antes, eu não sabia o que iria encontrar lá embaixo.

O que eu sabia com convicção era que, se fosse possível, eu voltaria no tempo e cumpriria todas as recomendações médicas necessárias para nunca mais ter de ouvir aquela frase: *"É câncer!"*.

Voltaria no tempo para antes daquele sábado, 8 de fevereiro de 2003, quando retornei a São Paulo após dois dias de viagem e, em rápida visita à Companhia, pedi à secretária para obter pela internet o resultado de um exame de sangue que eu havia feito na quinta-feira, antes de partir.

Tudo começou naquele sábado, diante de um número suspeito a flutuar, apático, no meio do meu exame.

Capítulo 2
O câncer de próstata

A palavra câncer deriva do grego *karkinos*, que significa crustáceo. Foi usada pela primeira vez no século II d.C. para indicar um tumor maligno de mama. Em razão do tumor, o seio da paciente apresentava veias tão dilatadas e ramificadas que a aparência do órgão lembrava a pata de um caranguejo. Desde então, o termo câncer foi estendido a diversos tumores, identificados nos mais diferentes tecidos do corpo humano.

Nem todo tumor é câncer. Tumores são lesões expansivas que podem resultar do acúmulo de líquidos, de processos inflamatórios ou de uma possível neoplasia. Chama-se neoplasia a proliferação exuberante de determinada célula em razão de alterações ocorridas em seu DNA, alterações estas que conferem a ela autonomia de crescimento e imunidade perante os mecanismos de controle que deveriam regular sua multiplicação. Quando essa proliferação se dá em células constitutivas de um tecido sólido, forma-se um nódulo, uma bola. É o chamado tumor.

As células do corpo humano multiplicam-se por meio de um processo permanente de divisão celular: cada célula quebra-se ao meio, dando origem a duas novas células, idênticas a ela. Isso é necessário para repor as perdas decorrentes do processo natural de envelhecimento e morte dos tecidos.

Em alguns órgãos, o ritmo de renovação é mais rápido. Por esse motivo, são mais suscetíveis a neoplasias. As células da medula, por exemplo, responsáveis pela produção dos glóbulos vermelhos e brancos, levam poucas horas para se dividir. As células epiteliais, que revestem a pele, formam a mucosa e constituem as glândulas (mama e próstata, entre outras), renovam-se em alguns dias. Já as células dos músculos levam meses para se reciclar.

Esse processo contínuo de divisão celular é controlado por um rígido sistema regulador, que ordena e estimula a reprodução e zela por seu equilíbrio, interrompendo a multiplicação quando ela não é mais necessária e inibindo o crescimento das células quando elas tangenciam a célula vizinha, o que não acontece com as células neoplásicas.

Imagine um ajudante de cozinha responsável por descascar batatas em um restaurante. Normalmente, ele sabe de antemão o número de batatas consumidas por dia, de modo que seu trabalho segue uma rotina. Se, eventualmente, um número maior de fregueses exige uma quantidade maior de batatas, o ajudante será avisado de que terá de trabalhar mais.

Agora, imagine o que acontecerá se esse ajudante de cozinha deixar de seguir as ordens de seus superiores e resolver descascar batatas de maneira autônoma e desgovernada. Logo a cozinha ficará repleta de baldes e mais baldes de batatas descascadas que jamais serão consumidas. Os baldes sobressalentes podem ser chamados de neoplasias. Ou tumores.

Tumores benignos e malignos
As neoplasias dividem-se em benignas e malignas. Chamam-se benignos os tumores de crescimento lento, que não avançam sobre órgãos vizinhos nem sobre as células normais.

Embora raramente apresentem risco à saúde do paciente – o que justifica o nome –, é possível que esses nódulos cresçam a ponto de comprimir vasos, obstruir canais, pressionar órgãos vizinhos e causar lesões mais sérias. Por isso, devem ser monitorados e, às vezes, retirados.

Os tumores malignos diferem dos benignos por apresentar duas características que os tornam especialmente perigosos: crescem de forma muito mais acelerada e podem migrar para outros tecidos, disseminando-se rapidamente.

Lembra-se dos baldes de batatas? Pois é. Se o tumor for maligno, o ajudante de cozinha não apenas trabalhará mais do que o necessário, mas desempenhará seu serviço a plenos pulmões, como se participasse de um concurso para eleger o mais rápido descascador de batatas do país. Não satisfeito em distribuir baldes de batatas pela cozinha, o ajudante rebelde os levará aos toaletes, à administração e ao salão principal, inviabilizando o funcionamento do restaurante. Da mesma forma agem os tumores malignos, multiplicando-se desenfreadamente e espalhando-se pelo organismo.

Os tumores malignos também são chamados de câncer. "Câncer é uma expressão que se refere a mais de uma centena de tipos de neoplasias malignas, originadas em diferentes tecidos e com graus variados de risco, mobilidade, tamanho e periculosidade", explica o oncologista Drauzio Varella. Autor de *Estação Carandiru* (Companhia das Letras, 1999), Varella é articulista do jornal *Folha de S.Paulo* e da revista *Carta Capital* e ficou conhecido do grande público ao participar do programa *Fantástico*, da Rede Globo, no qual apresenta, ocasionalmente, séries jornalísticas nas quais aborda temas de saúde pública, como obesidade e acompanhamento pré-natal.

Com experiência de vinte anos como médico do Hospital do Câncer A. C. Camargo, em São Paulo, Drauzio Varella especializou-se em câncer de próstata e de mama. No livro *Borboletas da alma* (Companhia das Letras, 2006), ele afirma que, devido à heterogeneidade de tipos de câncer, é provável que jamais se encontre uma cura que sirva para todos. "Se você analisar um câncer de estômago e um câncer de mama, verá que são duas doenças completamente diferentes", diz. "A única coisa que as une é o fato de as duas terem como princípio uma célula maligna, que possui características verificáveis em todos os cânceres."

Entre as características a que ele se refere está o fato de todas serem resultantes da proliferação anárquica de células que sofreram mutações e que, em vez de serem eliminadas pelo sistema imunológico, são empilhadas indefinidamente. Outra característica é a habilidade de migrar para outros tecidos. Uma vez que as características malignas da célula-mãe são transmitidas às células-filhas no processo de divisão celular, em pouco tempo esse aglomerado de células alteradas faz surgir um tumor: um balde cheio de batatas.

Pouco a pouco, as células cancerosas promovem perturbações no regime de determinado tecido e avançam sobre as normais, substituindo-as paulatinamente. Logo, as células neoplásicas sofrem perda de diferenciação, ou seja, tornam-se menos especializadas do que as originais. Desse modo, a evolução do câncer acarreta ao tecido a perda gradual de determinadas funções, até que o funcionamento do órgão atingido seja completamente comprometido.

Metástases

Todo câncer surge em um tecido específico, como resultado de mutações sofridas no núcleo de uma célula e transmitidas às gerações seguintes. Em pouco tempo, cansadas de ficar sempre no mesmo lugar, as células mutantes desprendem-se do tecido de origem em busca de novos cenários. Pulam a cerca que as separa dos órgãos vizinhos e mergulham na rede sangüínea, deixando que o sistema circulatório as leve para longe.

Diferentemente das células normais – e também dos tumores benignos –, o câncer consegue formar ninhos em novos territórios. Antes mesmo de assinar a escritura do imóvel, as células cancerosas montam acampamento nas terras ocupadas, como fazem os grileiros em reservas indígenas.

Esses acampamentos são chamados de metástases. "As células das metástases têm sempre as características do tumor de origem", explica Drauzio Varella. "A metástase de um câncer de próstata nos ossos, por exemplo, é caracterizada pela presença de células prostáticas no tecido ósseo. Da mesma forma, encontramos células da pele funcionando no pulmão, células de intestino no fígado e assim por diante."

Varella explica que uma célula normal de próstata, se chegasse ao osso, morreria sem conseguir estabelecer acampamento ali. As células malignas, não. Elas resistem, adaptam-se e tornam-se capazes de viver em novos territórios.

As metástases confirmam a malignidade de um tumor – uma vez que as neoplasias benignas não originam metástases –, e afastam a possibilidade de cura, tornando o tratamento mais agressivo e complicado. Se o corpo inteiro estiver à mercê da doença, não vai adiantar extrair o órgão de origem (como se faz com a mama e a próstata) nem submetê-lo à radioterapia. Será preciso intervir no regime hormonal e se submeter à ingestão de medicamentos pesados, a chamada quimioterapia, numa tentativa de frear a divisão celular e reduzir os focos do câncer.

Na maioria das vezes, em razão da proximidade, a metástase mais comum se dá no órgão vizinho – como alguém que decide comprar o terreno ao lado para ampliar a casa. Outras vezes, as células cancerosas viajam pela rede sangüínea e pelo sistema linfático e estabelecem acampamento em tecidos distantes que lhes pareçam hospitaleiros.

Conforme as características genéticas, as células têm mais ou menos afinidade com um ou outro órgão. Como um casal prestes a comprar uma segunda casa, elas pesam os prós e os contras antes de escolher entre a praia e o campo, entre um bairro e outro. Um câncer de próstata, por exemplo, adora se instalar na bexiga, o terreno vizinho, ou pegar a estrada em direção aos ossos, região com a qual as células prostáticas estabelecem maior afinidade.

Imagine um boato que tenha surgido no departamento financeiro de uma empresa e, rapidamente, se alastre por todas as salas, diretorias e andares, provocando conflitos, jogos de poder, demissões e retaliações em toda a hierarquia. Assim é o câncer. Em sua jornada, ele costuma provocar desesperança, aflição, medo e dor.

O CÂNCER DE PRÓSTATA

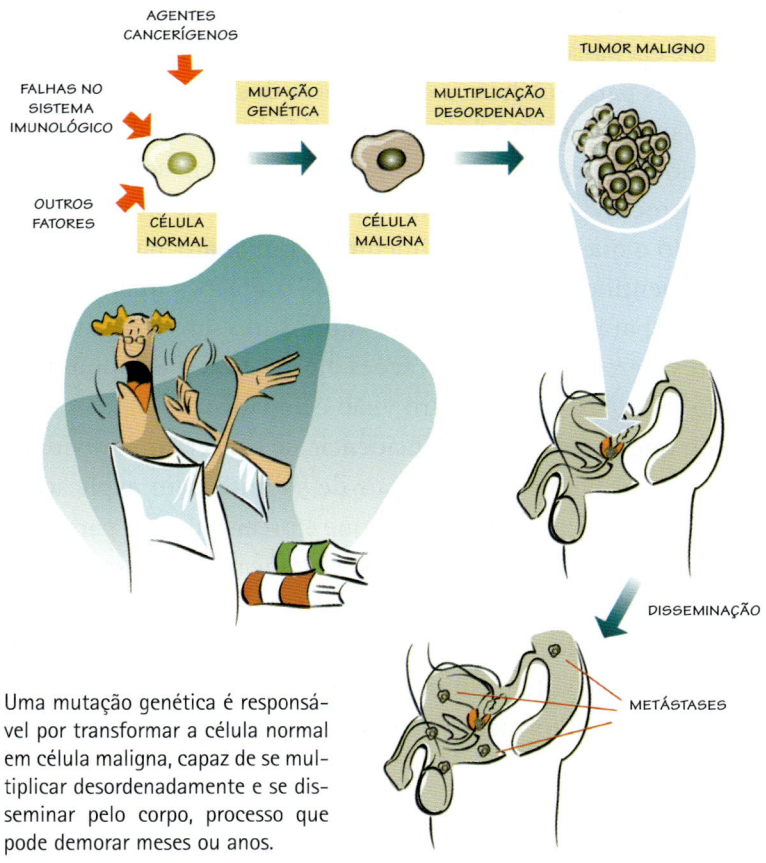

Uma mutação genética é responsável por transformar a célula normal em célula maligna, capaz de se multiplicar desordenadamente e se disseminar pelo corpo, processo que pode demorar meses ou anos.

Origem

A origem do câncer ainda é desconhecida. Oncologistas, patologistas e biólogos esforçam-se na procura por sinais que lhes permitam apontar, com segurança, uma razão para que, numa tarde qualquer, ocorra determinada mutação genética em uma célula e ela passe a se proliferar impunemente. Também fazem pesquisas para justificar a displicência dos genes supressores: bedéis que deveriam zelar pela integridade dos tecidos e forçar o suicídio das células que apresentam falhas em seu DNA.

Da mesma forma que ninguém é capaz de afirmar com exatidão o que leva ao surgimento de um boato, não há explicação científica para a ocorrência de mutações malignas nas células e para o fato de os genes supressores serem enganados. Fatores hereditários e alterações hormonais são apontados como vilões habituais. Outro vilão é a idade.

Ao que parece, a maior incidência de câncer em indivíduos adultos, normalmente com mais de 50 anos, tem explicações bastante prosaicas. A primeira é que é preciso tempo para que, num mesmo tecido, ocorram, simultaneamente, os diversos fatores relacionados ao câncer: mutações responsáveis pelas características de proliferação exuberante e disseminação pelo corpo, falha no sistema imunológico, favorecimento dos tumores por meio da formação de vasos sangüíneos que os alimentem, entre outros.

Outra hipótese é a de que, com o tempo, as células sofram fragmentações nos cromossomos e perda sistemática de material genético até o momento em que os genes supressores perdem sua capacidade de vigilância e, desatentos, liberam a ação dos oncogenes (genes que dão a ordem para que as células normais sofram as mutações que as tornam malignas).

Pessoas mais velhas também foram expostas por mais tempo a fatores que, segundo diversos estudos epidemiológicos, podem facilitar a ocorrência de câncer. Sabe-se, por exemplo, que o consumo de tabaco aumenta sua incidência em diversos órgãos, como pulmão e bexiga, da mesma forma que a exposição exagerada à radiação solar favorece o câncer de pele.

Aspectos epidemiológicos

Para 2008, o Instituto Nacional de Câncer (Inca), ligado ao Ministério da Saúde, estimou a ocorrência de 466,7 mil novos diagnósticos da doença no Brasil. Para os mesmos doze meses, previu-se a morte de aproximadamente 130 mil brasileiros em decorrência de tumores malignos, o que coloca o câncer como a terceira causa de morte no Brasil, atrás apenas das doenças cardiovasculares, em primeiro lugar, e das causas externas (ou violentas), que incluem acidentes de trânsito, traumas e balas perdidas.

Especialistas no assunto consideram as estatísticas do Inca subdimensionadas, uma vez que elas são elaboradas com base em notificações feitas por hospitais e serviços de saúde. A falha na metodologia, em sua avaliação, deve-se ao fato de parte substancial da população brasileira ser negligente em relação à saúde ou, marginalizada geográfica e economicamente, não dispor de acesso a atendimento médico e laboratorial adequado, deixando de fazer os exames necessários para o correto diagnóstico. Desse modo, muitos diagnósticos não são feitos – principalmente na região Norte, onde a incidência é aparentemente mais baixa do que no restante do país – e muitas pessoas falecem em decorrência do câncer sem ter idéia de que tiveram a doença.

Outras vezes, a causa notificada pelo sistema de saúde não corresponde à verdadeira origem do problema. "Tomemos como exemplo um paciente com câncer de próstata em estágio avançado, já com metástases em diversos órgãos, que fica três meses internado em um hospital, tem uma série de comprometimentos e, finalmente, é vencido por uma pneumonia", propõe Miguel Srougi, professor titular de urologia da Faculdade de Medicina da Universidade de São Paulo. "Independentemente de o golpe letal ter sido uma pneumonia, desvincular sua morte do câncer e declarar qualquer complicação pulmonar como *causa mortis* é uma incoerência, mais freqüente do que se imagina."

Na opinião de Miguel Srougi, autor do livro *Próstata: isso é com você* (Publifolha, 2003), o Brasil não é indigente apenas em saúde, mas também no registro de casos. Na medida em que forem melhorados os métodos de registro de incidência e mortalidade por câncer, diz ele, é certo que as estatísticas brasileiras vão aumentar, tendência que só deixará de existir quando a população se conscientizar da importância da prevenção e, acima de tudo, do diagnóstico precoce.

Embora alguns tipos de câncer sejam de difícil tratamento, a maioria pode ser eliminada por meio de cirurgias ou radioterapia quando descoberta a tempo. Muitas vezes, verificada a não-recidiva (retorno da doença) após cinco anos, os médicos não hesitam em pronunciar a palavra cura.

O câncer de próstata, por exemplo, é perfeitamente curável quando diagnosticado no momento oportuno.

A próstata

Uma glândula com o formato de uma noz, do tamanho e com o peso de uma noz é fonte de preocupação para todos os homens, em especial para aqueles que já passaram dos 50 anos.

Também deve ser motivo de atenção das mulheres dispostas a zelar pela saúde do pai, irmão, companheiro ou amigo.

Localizada na região pélvica, imediatamente abaixo da bexiga, a próstata produz uma secreção componente do sêmen responsável por nutrir, proteger e transportar os espermatozóides a caminho do óvulo. "A próstata é, por esse motivo, um órgão com destacada função no aparelho reprodutor masculino", diz o urologista Miguel Srougi. "Não é responsável pela ereção nem pelo orgasmo, como se pensava antigamente, mas também não deve ser desprezada como se fosse um penduricalho inútil."

A próstata é atravessada pela uretra, o canal de saída do sêmen e da urina, e, em sua parte posterior, tangencia o reto, último trecho do aparelho digestivo. É cortada também pelo canal deferente, por onde chegam os espermatozóides oriundos dos testículos, e pelos dutos ejaculadores, que trazem o líquido produzido pela vesícula seminal. Na uretra, o esperma, o líquido secretado pela vesícula e o fluido prostático se unem para formar o sêmen, que é expelido no ato sexual.

As doenças que atingem a próstata com mais freqüência podem ser segmentadas em três grupos: as prostatites (inflamações), a hiperplasia prostática benigna (crescimento benigno da glândula) e o câncer.

Em geral, as prostatites são provocadas por processos infecciosos ocorridos em virtude da contaminação do órgão por bactérias provenientes do intestino, embora também possam surgir inflamações sem a ação de bactérias. Distúrbios na micção, refluxo da urina, processos alérgicos ou contração persistente da musculatura pélvica podem estar relacionados ao problema.

É CÂNCER!

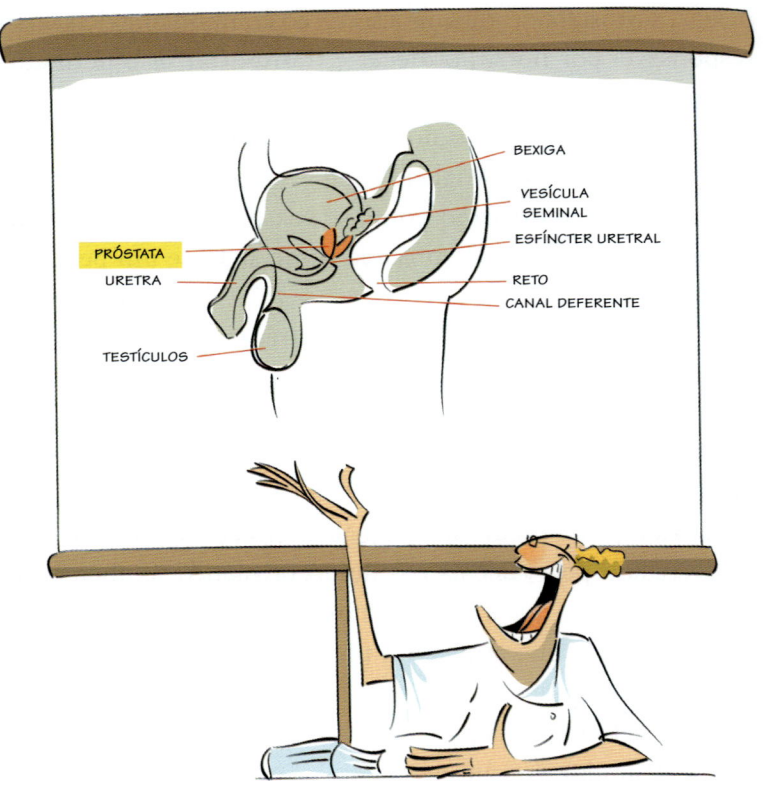

Atravessada pela uretra e localizada na região pélvica dos homens, a próstata tem o tamanho de uma noz e produz um líquido que nutre e protege os espermatozóides a caminho do óvulo.

O CÂNCER DE PRÓSTATA

Já o crescimento benigno da próstata – responsável por transtornos diversos como enfraquecimento do jato urinário, aumento do número de micções, desconforto no baixo-ventre, sensação constante de bexiga cheia e retenção total ou parcial da urina – ocorrem em até 80% dos homens com mais de 40 anos e sua incidência é proporcional à idade. Suas causas não são claras.

Mas é o câncer, a mais temida de todas as doenças verificadas na próstata, o assunto deste livro. Vamos a ele.

Incidência

Em todo o mundo, a neoplasia maligna da próstata – também chamada de adenocarcinoma prostático – é o segundo câncer mais freqüente entre homens, perdendo apenas para o câncer de pele. Na população total, incluídas as mulheres, ocupa o terceiro lugar, ligeiramente atrás do câncer de mama, embora tenha galgado a segunda posição nas mais recentes estatísticas nacionais.

Observando-se apenas a população masculina, o Instituto Nacional de Câncer (Inca) estimou 49,5 mil novos diagnósticos de câncer de próstata para 2008, número inferior aos 55,9 mil casos esperados de câncer de pele e mais do que os 17,8 mil novos diagnósticos de câncer de pulmão, terceiro lugar no *ranking*.

A maioria daqueles que consideram as estatísticas brasileiras subdimensionadas prefere citar os números norte-americanos, mais confiáveis. Segundo Miguel Srougi, a incidência média de câncer de próstata identificada nos Estados Unidos pode ser perfeitamente transposta para o Brasil, uma vez que as campanhas de detecção feitas em ambos os países costumam gerar números bastante parecidos: aqui e lá a doença é diagnosticada em 6% ou 7% dos homens examinados aleatoriamente. "Se estatísticas produzidas pela American Cancer

Society forem válidas para o Brasil, cerca de 170 mil brasileiros serão acometidos pela doença e 22 mil morrerão em decorrência dela a cada ano, o que significa um novo caso a cada três minutos e um óbito a cada 24 minutos", ele compara.

Os números sugeridos por Srougi são pelo menos três vezes mais preocupantes do que os apontados pelas estimativas nacionais. De qualquer forma, sabe-se que o câncer de próstata tem sido cada vez mais diagnosticado no Brasil e no mundo. Há três hipóteses para isso. A primeira é justificar esse aumento em razão da expectativa de vida. Morrendo cada vez mais tarde e superando com freqüência os 80 anos, os homens ficam mais expostos à doença.

Outro fator que pode influenciar não apenas a incidência cada vez maior, mas também a maior agressividade da doença é a deterioração dos hábitos alimentares e da qualidade de vida da população. Desconfia-se, por exemplo, que consumir muita gordura animal facilite a ocorrência de câncer de próstata, como veremos no decorrer deste livro.

Finalmente, acredita-se que o diagnóstico é que tem se tornado mais freqüente – um efeito positivo das campanhas de conscientização sobre a importância dos exames preventivos e, principalmente, da disseminação de novos exames. "Há a hipótese de a incidência estar aumentando, mas o aumento do número de diagnósticos é também muito provável", considera Marco Arap, professor-assistente da USP e urologista associado ao Hospital Sírio-Libanês, em São Paulo. "A partir da descoberta do PSA, passamos a diagnosticar o câncer em uma fase muito mais precoce."

PSA – da sigla em inglês para Antígeno Prostático Específico – é uma proteína liberada no sangue exclusivamente pela prós-

O CÂNCER DE PRÓSTATA

Incidência de câncer na população brasileira

Estimativa de novos casos segundo a localização primária da doença em 2008
(Total de novos casos: 466,7 mil)

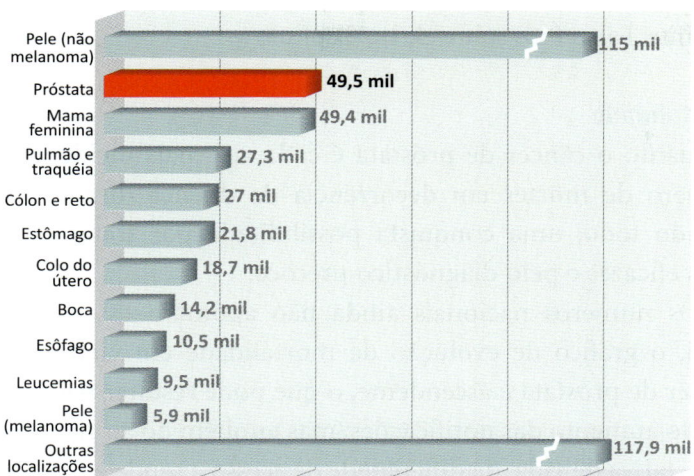

Incidência de câncer na população brasileira masculina

Estimativa de novos casos segundo a localização primária da doença em 2008
(Total de novos casos: 231,9 mil)

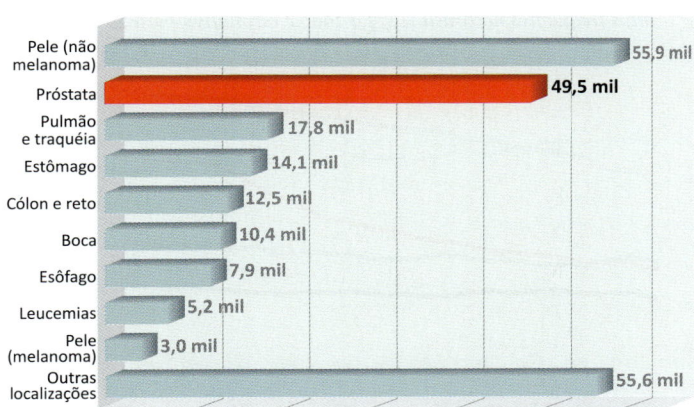

Fonte: Estimativa 2008 de incidência de câncer no Brasil, Instituto Nacional de Câncer (Inca), Ministério da Saúde, 2007.

tata e que tem sua presença aumentada em caso de câncer. Identificado em 1979, é empregado como exame diagnóstico desde 1986 e foi difundido como marcador do câncer na década seguinte. Falaremos sobre ele no Capítulo 4.

Mortalidade

Enquanto o câncer de próstata é cada vez mais incidente, o número de mortes em decorrência da doença diminui no mundo todo, uma conquista possibilitada por tratamentos mais eficazes e pelo diagnóstico precoce.

Os números nacionais ainda não apontam essa queda. Aqui, o gráfico de evolução da mortalidade em virtude do câncer de próstata é ascendente, o que pode resultar não apenas do aumento das notificações, mas também do aumento da expectativa de vida, da dificuldade de acesso à saúde e da habitual resistência masculina a certos exames.

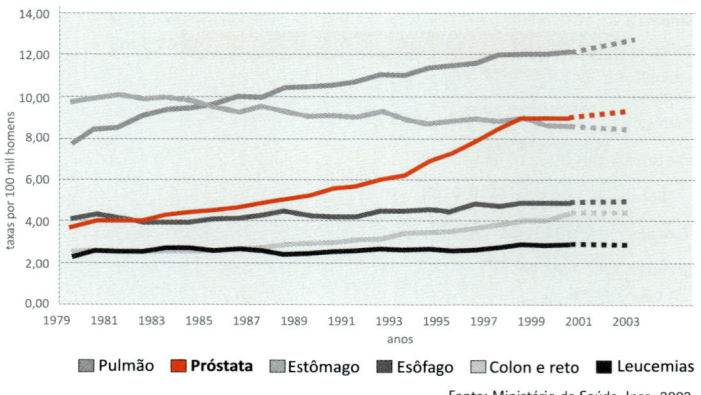

Evolução da mortalidade por câncer em homens
Taxas brutas de mortalidade por 100 mil homens para os tumores mais freqüentes no Brasil (1979 a 2000 e estimativa para 2003)

Fonte: Ministério da Saúde, Inca, 2002.

O CÂNCER DE PRÓSTATA

Apenas o câncer de pulmão mata mais homens do que o câncer de próstata no Brasil. Para 2003, o Instituto Nacional de Câncer estimava a ocorrência de 11,3 mil óbitos em decorrência de neoplasias malignas originadas no pulmão e de 8,2 mil mortes provocadas pelo câncer de próstata.

Morte por câncer no Brasil

Estimativa do número de óbitos em decorrência de neoplasias segundo a localização primária do tumor (Total de óbitos: 127 mil)

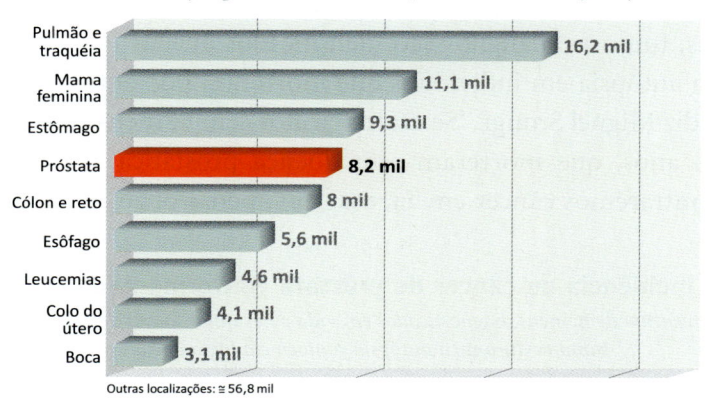

- Pulmão e traquéia: 16,2 mil
- Mama feminina: 11,1 mil
- Estômago: 9,3 mil
- Próstata: 8,2 mil
- Cólon e reto: 8 mil
- Esôfago: 5,6 mil
- Leucemias: 4,6 mil
- Colo do útero: 4,1 mil
- Boca: 3,1 mil

Outras localizações: ≅ 56,8 mil

Morte por câncer em homens no Brasil

Estimativa do número de óbitos masculinos em decorrência de neoplasias segundo a localização primária do tumor (Total de óbitos: 68,3 mil)

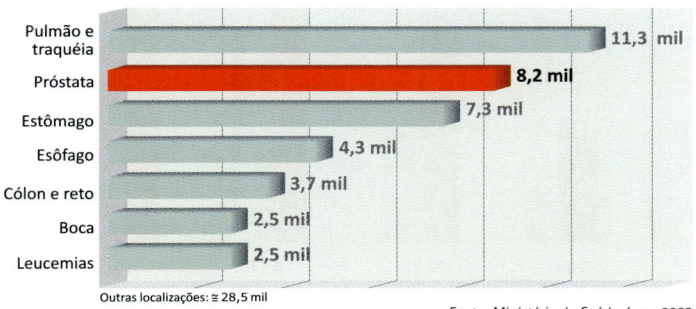

- Pulmão e traquéia: 11,3 mil
- Próstata: 8,2 mil
- Estômago: 7,3 mil
- Esôfago: 4,3 mil
- Cólon e reto: 3,7 mil
- Boca: 2,5 mil
- Leucemias: 2,5 mil

Outras localizações: ≅ 28,5 mil

Fonte: Ministério da Saúde, Inca, 2002.

Questão de saúde pública

O câncer de próstata costuma ocorrer na parte posterior da glândula, próxima ao reto, e raramente apresenta sintomas. Apenas nos estágios mais avançados, quando o tumor se avoluma a ponto de comprimir a uretra e a bexiga, pode haver retenção da urina, aumento do número de micções e enfraquecimento do jato urinário.

Por ser uma doença silenciosa, ela é muito freqüente em pessoas que nem sequer desconfiam de sua presença. "Muitas vezes, tumores malignos são identificados apenas quando se faz a autópsia em indivíduos que morreram por outro motivo", diz Miguel Srougi. "Se examinarmos cem homens entre 60 e 70 anos, que morreram sem doença prostática aparente, encontraremos câncer em 24, mas em apenas onze ele viria a

Incidência de câncer de próstata conforme a idade

Percentual de homens diagnosticados em vida e nos quais foram descobertos tumores durante a autópsia conforme a faixa etária

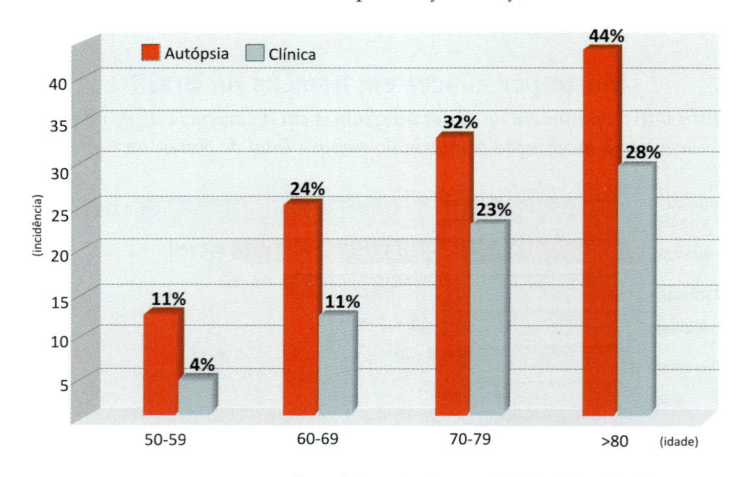

Idade	Autópsia	Clínica
50-59	11%	4%
60-69	24%	11%
70-79	32%	23%
>80	44%	28%

Fonte: *Próstata: isso é com você*, de Miguel Srougi, Publifolha, 2003.

se manifestar", calcula. Na maioria das vezes, o câncer é indolente. Mas está lá, embora raramente seja identificado.

Ainda segundo Srougi, todo homem está suscetível a desenvolver a doença. "Sua incidência aumenta com a idade, acomete 11% dos homens entre 50 e 60 anos, 24% dos indivíduos entre 60 e 70, 32% da população masculina entre 70 e 80 e aproximadamente a metade dos homens com mais de 80 anos", afirma. "Essa prevalência nos permite supor que o câncer de próstata, agressivo ou indolente, não poupará ninguém que chegue aos cem anos."

Isto posto, vale destacar alguns aspectos que nos servem de guia e alerta:

- Todo homem pode desenvolver câncer de próstata.
- Quanto maior a idade, maior o risco.
- Não apresenta sintomas na fase inicial.
- Pode matar quando não controlado.
- Tem cura se diagnosticado a tempo.

Nosso próximo assunto será o diagnóstico. Veremos quais exames devem ser feitos, com que freqüência, e a partir de que idade. Também saberemos como proceder quando os resultados confirmarem a suspeita de câncer.

Mas, antes, voltemos à ocasião da descoberta da doença, ocorrida durante um exame de rotina.

Capítulo 3
Violino e viola caipira

Colesterol total: 197.
OK.
Triglicérides: 76.
OK.
Glóbulos brancos: 5.760.
OK.
Plaquetas: 193.000.
OK.
PSA...
PSA...
...
Como assim, 7,4? Que diabos isso significa?
Deve ter ocorrido algum engano... Só pode ser!
Por que raios meu PSA estaria em 7,4 se jamais passou de 2,5?
Eles erraram. Foi isso.
Vou ligar agora mesmo para o Fleury. Onde já se viu o maior

centro de medicina diagnóstica do país, com 21 unidades de atendimento, cerca de 2,5 mil clientes diários e 6 milhões de exames realizados por ano, cometer uma falha dessas?

Eu deveria era acionar o Procon, denunciar o laboratório para a Agência Nacional de Saúde, chamar a polícia! Não se brinca com os exames dos outros. Alguém pode ter um piripaque e empacotar ao receber um resultado desses.

Mas, espera um pouco. E se o exame estiver certo?

PSA *acima de 4 pode ser indício de...*

Minha próstata pode ter...

Caramba, eu posso estar com câncer!

Foi mais ou menos assim que as coisas se passaram naquele sábado, 8 de fevereiro de 2003.

Eu nem sequer desconfiava de que alguma coisa anormal pudesse estar acontecendo na minha próstata, o que me deixou ainda mais atarantado. Não sentia dor ao urinar. Nem desconforto de qualquer espécie na região pélvica. Meu xixi continuava normal, com a mesma intensidade e a mesma freqüência de sempre.

De repente, tive um estalo: o laboratório sabia exatamente o que estava dizendo. Não havia erro. Nem confusão.

Sozinho em minha sala, no escritório da CBMM, estudando o laudo que a secretária acabara de imprimir, senti as paredes aproximarem-se umas das outras, como se fossem me esmagar. O teto, cada vez mais baixo.

Faltava-me ar. Em traje esporte, tive a clara impressão de que havia uma gravata a me sufocar e, instintivamente, tentei afrouxar o colarinho. Meus olhos latejavam. PSA *acima de 4 pode ser indício de câncer de próstata*, eu dizia para mim mesmo. Minhas mãos tremiam quando solicitei à telefonista uma ligação para o dr. Srougi.

Miguel Srougi, um dos mais respeitados urologistas do Brasil, havia tratado da minha mãe, que teve incontinência urinária antes de falecer e, ocasionalmente, me recebia em sua clínica para alguns exames. Ao pedir a ligação, lembrei-me de que já fazia quase três anos desde minha última consulta. Mau sinal.

Meu nervosismo aumentou quando sua secretária nos informou que ele estava nos Estados Unidos, participando de uma conferência, e permaneceria lá por mais uma semana.

Imediatamente, procurei um colega da CBMM:
– O que eu faço?
– Ora, Camargo, vá ver o meu urologista – ele recomendou.
– Amanhã não dá porque é domingo. Mas, na segunda-feira, ligarei para ele bem cedo e marcarei uma consulta para você.

Foi o fim de semana mais angustiante da minha vida. Por duas noites seguidas, quase não preguei os olhos. Quando conseguia cochilar, era por menos de uma hora. Logo a imagem de um câncer implacável e monstruoso vinha perturbar meu sono e puxar minha perna.

Eu sabia que um nível elevado de PSA não era necessariamente sinônimo de câncer. Tumores benignos ou inflamações na próstata poderiam também desencadear um processo de elevação desse marcador. Mas algo me dizia que, daquela vez, era pouco provável que não fosse maligno. E eu voltava a suar.

Bicho estranho o homem. Sofre por antecipação. Em um artigo publicado no livro *Ensaios sobre o medo*, organizado por Adauto Novaes (Senac, 2007), o filósofo Francis Wolff, de Paris, compara o medo a uma dor irreal e ilusória. "Temos medo, por definição, não do que acontece no presente, mas daquilo que vai acontecer, ou melhor, daquilo que *pode* acontecer", escreve ele. "O medo é um sentimento negativo *presente* causado pela idéia de um sentimento negativo *futuro* ou *potencial*. O medo faz sofrer duas vezes. À dor que virá ele soma uma dor presente."

Na crônica "Tenho medo…", escrita para o jornal *Correio Popular*, de Campinas (SP), e publicada em *O livro dos sentimentos* (Guarda-chuva, 2006, org. por Borja e Vassallo), o também filósofo Rubem Alves segue o mesmo raciocínio para comparar o homem aos demais animais. "Somos diferentes deles porque eles só sofrem como se deve sofrer, isto é, quando o terrível acontece", diz. "E nós, tolos, sofremos sem que ele tenha acontecido. Sofremos imaginando o terrível. O medo é a presença do terrível-não-acontecido, se apossando das nossas vidas. Ele pode acontecer? Pode. Mas ainda não aconteceu e nem se sabe se acontecerá."

Na segunda-feira, fui ao consultório do urologista indicado pelo meu amigo. Eu estava assustado, confesso. E minha primeira impressão não foi das melhores. Pareceu-me um homem antipático, sisudo, um tanto seco, o que não ajudava em nada na relação médico-paciente. Muitas vezes, o professor talentoso, o cirurgião preciso e o conferencista brilhante escorregam no atendimento clínico e transmitem aos pacientes a imagem de péssimos profissionais. Para nós, leigos e fragilizados, o tom de voz pode ser mais importante do que o diploma. A delicadeza dos gestos e a sinceridade das palavras valem mais do que um vasto currículo. Falta de respeito e rispidez no trato podem destruir uma reputação lapidada com esmero nos círculos acadêmicos.

Sem conhecer os predicados do urologista, construí uma imagem dele baseado tão-somente em seu comportamento no consultório. E, embora não saiba explicar por que, essa imagem saiu um tanto turva.

Enquanto nos preparávamos para o toque retal, procurei verificar o aspecto de suas mãos. Foi uma atitude instintiva, algo que eu fiz sem nem me dar conta. Na iminência de fazer o exame com um médico estranho, que me parecia um tanto bronco, não pude conter esse reflexo. Principalmente por lembrar que eu não passava por um exame desses havia quase três anos.

Hei! Espera aí! Que riso foi esse no seu rosto? O nobre leitor está se divertindo com o fato de eu ter de me submeter a um toque retal? Quem diria... Confesso que mais de uma vez ouvi comentários jocosos e cheios de preconceito sobre o tema. Piadas existem de sobra. Em Araxá, por exemplo, me contaram que há homens que saem do consultório do urologista com as pernas arqueadas e cara de dor, só para aterrorizar os pacientes de primeira viagem que aguardam na sala de espera. O olhar serve de alerta para o que virá, como se dissesse: "Amigo, se prepara que esse trem é dolorido". Mas eu, ingenuamente, achei que esse tabu fosse coisa do passado.

Quer dizer então que você é do tipo que faz piadas sobre o toque? Ou pior: você se recusa a ir ao urologista porque não admite que lhe ponham o dedo em certas partes? Longe de mim interferir em sua vida. Mas acumulei alguma experiência nesse assunto e devo alertá-lo: o toque retal não dói, demora menos de um minuto e é indispensável para o diagnóstico do câncer e de outras doenças na próstata. Se, para você, impedir o médico de examiná-lo é sinal de virilidade, para mim é sinal de estupidez. E fique sabendo que, se uma pessoa estiver com câncer e atrasar o diagnóstico, é bem possível que ela venha a ter grandes complicações.

Voltando à narrativa, o fato é que, prestes a fazer novamente o toque retal, não pude deixar de notar as mãos daquele urologista. Elas eram enormes! *Não são mãos apropriadas a um urologista*, eu pensei, *mas a alguém que passa o dia atrás do balcão, fatiando salame e mortadela.*

Instalei-me na cadeira enquanto ele vestia a luva de látex e dava início à prospecção. Atento, o médico procurava por um tumor. Mexia de um lado, fuçava de outro, em busca de qualquer textura irregular.

O exame demorou mais do que nas vezes anteriores, o que era perfeitamente justificado pela alta taxa de PSA. Se havia um tumor ali, ele teria de ser encontrado.

Antes que o exame terminasse, tive tempo de comparar o toque realizado por aquele médico com o toque do dr. Srougi. Veja só como a mente de um homem é capaz de transitar entre o medo e o humor, entre a raiva e a euforia... As mãos do meu urologista eram hábeis e delicadas, como as de um violinista, enquanto aquelas me pareciam um tanto rudes, como as de um lavrador que, dedos calejados no trato com a enxada, ponteasse uma viola caipira sem a sutileza dos melhores instrumentistas.

Em pouco tempo, eu ficaria craque na arte de comparar as mãos dos urologistas. Nos meses seguintes, eu repetiria o toque retal meia dúzia de vezes, com pelo menos outros quatro profissionais. Cada um tinha um jeito particular de fazer a palpação de rotina. Eu era capaz de, em poucos segundos, perceber a intensidade, a velocidade e a sutileza de cada um. E, se fosse solicitado, ousaria dar notas de zero a dez. Como os melhores enófilos, eu me sentia envolvido em uma espécie de curso continuado de toque retal, uma verdadeira degustação de dedos. E, já na primeira prova, ficara evidente que aqueles dedos não eram dos melhores: uma safra mediana, com taninos muito destacados e corpo exageradamente adstringente.

Terminado o exame, o médico avisou que havia identificado um pequeno tumor. Mas, para nos certificarmos de que ele era de fato maligno, indicou-me um ultra-som da região pélvica e uma biópsia da próstata. Juntos, esses dois exames não apenas descartariam a possibilidade de erro no diagnóstico, mas também disponibilizariam dados essenciais para a escolha do tratamento. O ultra-som mostraria o tamanho e o volume da próstata e ajudaria a avaliar a extensão local da doença. A biópsia denunciaria não apenas sua posição, uma vez que seria feita com o auxílio de uma ultra-sonografia transretal, mas também as características histológicas e a agressividade do tumor.

Um tumor. Havia um tumor na minha próstata. Por enquanto, essa era toda a informação de que eu dispunha. E, certamente, não era informação suficiente. Eu precisava dos detalhes. *Afinal, é câncer ou não é?*

Numa situação daquelas, o tipo do tumor faria toda a diferença. Imagine um time de futebol que entra em campo com a obrigação de vencer. Empate e derrota implicam eliminação. Você não assiste ao jogo, e, no dia seguinte, alguém lhe conta que o time não perdeu. Ora, não perdeu... Isso não significa nada! É preciso saber se ele venceu ou se houve empate. O detalhe muda tudo.

Ressabiado, fui fazer o ultra-som no Fleury da Rua Brigadeiro Luís Antônio, em São Paulo. A carícia gelada do gel na minha barriga destoava do incêndio que parecia reduzir minha cabeça a cinzas. A suavidade com que o médico manuseava o escâner contrastava com a aspereza do futuro diagnóstico.

Seguindo sugestão do médico, marquei a biópsia no Hospital Alemão Oswaldo Cruz, a duas quadras da Avenida Paulista. Era quinta-feira, 13 de fevereiro, quando atravessei o saguão do hospital e tomei o elevador. No trajeto, reparei na movimentação de médicos e pacientes e não pude evitar um leve desconforto. Embora reúna as credenciais necessárias para se firmar como um dos melhores do Brasil, o Oswaldo Cruz é um hospital. Um hospital enorme, com 110 anos de tradição, pronto-socorro, UTI, quinze andares, 240 leitos, mas um hospital. E, como em qualquer hospital, dezenas de pacientes desfilavam pelos corredores, muitos deles em macas ou em cadeiras de rodas.

O entra-e-sai de ambulâncias e a correria de jalecos me deixaram em estado de alerta. Havia choro, dor, angústia. Pela primeira vez, pensei em mim como enfermo. Tive a estranha sensação de que eu poderia nunca mais sair dali. O câncer de próstata não é o segundo mais mortal entre os homens, atrás apenas do câncer de pulmão? E se o meu destino fosse ampliar essa estatística?

Senti medo da morte. Ou melhor: pavor diante da possibilidade de perder a vida. "Morrer: que me importa! O diabo é deixar de viver!", escreveu o sábio poeta Mário Quintana. E eu, aos 68 anos, ainda me sentia jovem demais para passar a régua e fechar a conta.

Algo me dizia que as semanas seguintes seriam repletas de hospitais e salas de espera, angustiantes como aquela. Aguardei até que anunciassem meu nome. Recebi a anestesia e não senti absolutamente nada enquanto uma agulha penetrava em meu ânus, acoplada a um aparelho de ultra-som transretal, arrancando catorze fragmentos da minha próstata. Todos eles seriam acomodados em recipientes adequados e seguiriam para análise em um laboratório de patologia.

Ao me recuperar da anestesia e deixar a sala, algum tempo depois, topei com o Chico Galvão sentado em um sofá, à espera de atendimento. Fundador do Simba Safári, famoso parque temático de São Paulo onde animais selvagens vivem soltos e os visitantes trafegam entre eles com seus próprios carros (não sem antes fixar grades de proteção nas janelas), Galvão foi logo perguntando:

— O que você está fazendo aqui, Camargo?
— Exames de rotina – desconversei. – E você?
— Estou com câncer na bexiga.

Fiquei constrangido. Eu tentando esconder o que se passava comigo, e ele absolutamente sincero em relação à sua doença.

Veja como são as coisas. Na primeira oportunidade que tive de tocar no assunto com um amigo, declinei. Escondi-me sob o manto da mentira para não ter de compartilhar minha ansiedade. Ou, simplesmente, não fui capaz de abrir a boca na esperança de que meu silêncio pudesse contribuir para um diagnóstico negativo. *Não é câncer*, eu torcia.

É verdade que eu ainda não tinha certeza de nada. Estava ali justamente para obter uma confirmação, qualquer que fosse ela. Mas o PSA em 7,4 e o toque retal alterado gritavam mais alto do que minha fé. A intuição era tão forte que, naquele momento, eu já dava o diagnóstico como certo.

Na manhã seguinte, aflito, liguei para saber o resultado da biópsia. Disseram-me que o exame ficaria pronto no sábado de manhã. Mais um dia inteiro de angústia e espera…

No sábado, dirigi-me ao balcão de retirada de exames e fui informado de que ele já havia sido entregue ao médico. Era só o que me faltava! Eu morrendo de ansiedade, e o doutor de dedos largos leva o exame embora?

Pus-me a ligar insistentemente para a casa dele. O filho, também médico, foi quem atendeu. Expliquei-lhe a situação.

— Meu pai foi viajar e só volta amanhã – ele respondeu. – Mas eu estou com a agenda dele aqui e vejo que você tem hora marcada na segunda-feira.

— Exatamente. Mas eu queria trocar uma palavrinha com ele antes, pelo menos para saber o resultado do exame.

— Espera até segunda. Ele explicará tudo pessoalmente.

Antes eu tivesse seguido seu conselho. Comunicar a um paciente que ele está com câncer nunca é algo simples. Cada pessoa tem um tipo de reação – às vezes desesperada –, e os bons médicos sabem que é preciso cautela para fazer uma abordagem segura. Por certo, era nisso que aquele rapaz pensava ao sugerir que eu esperasse mais dois dias para conversar pessoalmente com seu pai. Mas eu não resisti e, no dia seguinte, voltei a telefonar.

Não era apenas curiosidade que me movia. A atitude do médico de retirar o exame antes de mim e me sonegar aquela informação preciosa me dava nos nervos.

Finalmente, consegui encontrá-lo em casa.

— Sim, você tem um tumor – esbravejou o médico, com a impaciência de quem é importunado em pleno domingo. – É câncer. E o seu caso é de cirurgia.

É câncer!

Não consegui ouvir mais nada. Se aquele urologista rude disse qualquer outra coisa antes de desligar o telefone, sua fala entrou por um ouvido e saiu pelo outro.

É câncer!

Apenas aquelas palavras faziam algum sentido para mim. E o sentido delas era assustador.

Na segunda-feira, a consulta foi um tanto burocrática. O médico me explicou o resultado da biópsia e mencionou a cirurgia, procedimento recomendado por ele no caso de o câncer estar restrito à glândula. Por fim, receitou uma cintilografia óssea. Se houvesse metástases nos ossos, elas seriam evidenciadas.

Providenciei aquele exame na mesma tarde e liguei para o dr. Srougi, que já havia voltado de viagem. Dois dias depois, levei a ele o laudo da patologia, o resultado do ultra-som e as imagens da cintilografia. Srougi analisou o material, fez um toque retal e me explicou que aquele era um câncer pequeno e restrito à próstata. Havia sido encontrado em um único fragmento da biópsia e apresentava grau 6 no escore de Gleason – uma espécie de *ranking* adotado pelos patologistas para definir o tipo da doença –, o que revelava baixa agressividade. O PSA inferior a 10 também era indício de um câncer pouco agressivo. E nada havia de suspeito nos meus ossos.

Mas eu tinha um câncer. E isso ninguém poderia mudar.

– Eu vou morrer?

– Não, Camargo. Você fez o diagnóstico na hora certa, e, pela minha experiência, seu câncer é perfeitamente curável.

Ufa! Era a melhor notícia que eu ouvia em duas semanas.

– Preciso operar?

– Camargo, há duas formas de tratar um câncer como o seu: com radiação ou com cirurgia. A radioterapia externa e a braquiterapia, feita com a inserção de cápsulas radioativas no órgão doente, curam cerca de 75% dos pacientes com a sua idade e o mesmo tipo de tumor. As chances de vencer a doença pulam para 90% com a prostatectomia radical, ou seja, a retirada da próstata. Eu, particularmente, recomendo a cirurgia. Sou cirurgião e conheço sua eficácia. Se o câncer estiver restrito à glândula, como sugere a biópsia, a operação vai eliminar completamente o tumor e afastar a possibilidade de recidiva.

Com jeito professoral, Miguel Srougi pôs-se a descrever, passo a passo, como seria a cirurgia. Aprendi que a próstata é uma glândula do tamanho de uma noz, localizada abaixo da bexiga, e que sua retirada é feita por meio de uma incisão modesta alguns centímetros abaixo do umbigo. Sob anestesia geral, eu não sentiria dor e estaria completamente novo após quatro ou cinco dias de internação.

Em seguida, Srougi abordou os possíveis efeitos colaterais.

– Na sua idade, as chances de impotência são de 80% e a incontinência urinária acontece em 5% dos casos – ele disse. – Podemos marcar a cirurgia para daqui a quinze dias. Antes, para nos assegurarmos de que o câncer está localizado, gostaria que você fizesse uma radiografia do tórax e um estudo de ressonância magnética com bobina endorretal.

No carro, ao fazer o balanço daquela consulta, resumi a fala do dr. Srougi em uma notícia boa e três ruins.

A notícia boa: eu não iria morrer. Os três baldes de água fria: eu perderia minha próstata, ficaria impotente e correria o risco de usar fralda para o resto da vida.

Aos 68 anos, convicto de que ainda tinha muito a viver, aquele não era um balanço dos mais positivos. Mas pelo menos aquele tumor não assinaria meu atestado de óbito.

Com alguma tristeza e muita esperança, atravessei o Carnaval. Ou melhor, fui atravessado por ele no início de março. Estranhamente, não consigo lembrar, cinco anos depois, o que fiz ou deixei de fazer durante aquele feriado. Não sei se viajei ou fiquei em São Paulo. Apenas uma coisa passava pela minha cabeça: a cirurgia. Dali a alguns dias, eu seria um homem sem próstata. E, naquele momento, tentava imaginar como seria meu futuro sem ela. Um futuro sem sexo? Um futuro com fralda? Um futuro atormentado pela possibilidade de recidiva e metástases?

Eu confiava no dr. Srougi e já estava resignado com a idéia da cirurgia. Mas o medo ainda me atormentava.

E se a operação não der certo?
E se a doença já tiver se espalhado pelo meu corpo?
François Mitterrand, ex-presidente da França, havia morrido em 1996 em razão de um câncer de próstata. Por que comigo seria diferente?

Todas essas questões pipocavam em minha mente enquanto o país rebolava ao som dos trios elétricos. O Brasil é assim. Mesmo São Paulo, que já foi chamada de túmulo do samba, reduz a velocidade habitual e encerra o expediente durante pelo menos cinco dias para ver a banda passar. É verdade que a maioria dos paulistanos com recursos prefere pegar a estrada e curtir o feriadão no litoral. Alguns aproveitam para visitar a família no interior e, não é raro, enforcam a quinta e a sexta-feira, totalizando nove dias inteiros de calor e preguiça. Entre os que ficam na cidade, há os sambistas fanáticos, que trocam o dia pela noite, e os agnósticos, avessos à badalação. Tanto um grupo quanto o outro preferem se trancar durante o dia, de modo que as ruas de São Paulo ficam vazias, as filas evaporam, o trânsito desaparece.

Terminado o feriado, a rotina volta com fúria. O caos impera com o retorno dos viajantes e a folia se esvaece aos poucos. Se o clima está abafado, parece que a cidade inteira transpira a ressaca do Carnaval. Quando chove – o que é muito comum nessa época –, é como se a chuva limpasse a sujeira da festa, tirasse a maquiagem e lavasse a alma dos foliões, preparando-os para a volta ao trabalho. O trânsito fica ainda mais insuportável do que de costume.

Foi num dia assim, lento e túrgido como o próprio engarrafamento, que eu reassumi minha trincheira na guerra contra o câncer. Apenas uma unidade do Fleury, a da Rua Cincinato Braga, no bairro paulistano do Paraíso, dispunha do equipamento necessário para a realização da ressonância magnética com bobina endorretal solicitada pelo dr. Srougi. Mais um exame. Faltava apenas ele e a radiografia do pulmão para que, finalmente, a cirurgia fosse agendada.

A caminho do Paraíso, o ar-condicionado no máximo servia de aliado. Chovia a cântaros, mas não o suficiente para amenizar o calor. *São as águas de março fechando o verão, é a promessa de vida no meu coração.*

Paraíso: nome engraçado para um bairro. "Você me leva ao Paraíso?", pergunta a moça ao namorado. "Depois que casamos, fomos morar no Paraíso", lembra o maridão prestes a celebrar as bodas de ouro. Em determinadas circunstâncias, o nome do bairro é perfeito. Mas, naquele momento, soava-me um tanto estranho ir ao Paraíso para uma ressonância. Um Paraíso na terra e outro no céu... *Será que o Paraíso existe mesmo? Algum dia eu irei para lá? Chegarei ao Paraíso mais cedo do que imagino?*

Desci do carro às pressas para me abrigar da chuva e me dirigi ao balcão de atendimento. Em poucos minutos, fui encaminhado a uma sala e ganhei um avental.

– Camargo, está vendo este aparelho cilíndrico? – Era o médico responsável pelo exame. – Isso é uma bobina. Ela será introduzida em seu ânus e permanecerá dentro de você por 40 minutos, tempo necessário para que a gente possa analisar sua próstata.

Quarenta minutos! E ainda tem gente que se incomoda em fazer um simples toque retal... Pelo visto, a degustação de dedos incluía novidades tecnológicas. Uma história e tanto para contar aos netos.

O tubo foi inserido em mim e eu fui inserido em um tubo. Nos 10 minutos seguintes, pensei ter sido transportado para uma planta industrial futurista, sem capacete ou tampões de ouvidos. Uma oficina de manutenção de aeronaves deveria ser mais silenciosa. No caso, era eu a turbina a ser retificada.

Quem já fez ressonância magnética, com ou sem a tal bobina endorretal, conhece a sensação de entrar em um túnel barulhento com as pernas e os braços atados. Temos a impressão de que fomos colocados vivos em um caixão – um caixão branco, frio, estéril e ensurdecedor. No livro *Veia bailarina* (Global, 1997), Ignácio de Loyola Brandão descreve sua primeira experiência em um aparelho de ressonância magnética e o compara a um caixão *hi-tech*. Ao diagnosticar um aneurisma cerebral, ele ficara tão impressionado com o barulho emitido por aquele magneto gigante que, à beira de um ataque de nervos, acionara a imaginação e apelara para as fantasias sexuais. Lembrou-se da cruzada de pernas de Sharon Stone em *Instinto selvagem* e viajou no tempo até 1949, quando reencontrou a francesa Françoise Arnoul, uma beldade de 18 anos que protagonizara a primeira cena com os seios à mostra que ele havia visto no cinema.

Lembrar de coisas agradáveis sempre funciona em momentos de aflição. Generosos os psicólogos que nos ensinam essas técnicas de relaxamento! Embalado pelo mesmo som e rezando para que meus braços parassem de coçar, comecei a pensar, quem diria, no meu amigo nióbio.

O nióbio é o elemento 41 da tabela periódica, que nasce em uma jazida de Araxá e percorre o mundo em forma de ligas e microligas. Uma pequeníssima porção de nióbio torna o aço extremamente resistente à pressão e a altas temperaturas, o que faz dele um metal importante na construção de gasodutos, propulsores de foguetes e turbinas de aviões. Desde 1974, eu convivia intensamente com ele.

O que me fez pensar nisso enclausurado naquele caixão *hi-tech* foi a lembrança de que o nióbio é também um supercondutor, empregado em aparelhos de ressonância magnética. Lendo o logotipo da fábrica, não tive certeza se havia nióbio da CBMM naquele trambolho. Mas me pareceu no mínimo engraçado que aquele metal pudesse estar ali, a meu lado, dividindo comigo a aflição que eu sentia.

Por quanto tempo o nióbio teria viajado até chegar àquela sala do Fleury? Que oceanos teria cruzado? Que países percorrera? Produto brasileiro, extraído em Araxá na forma de pirocloro, ele provavelmente peregrinara por mais de um ano até chegar ali.

Passo a passo, tentei recapitular sua jornada. Ainda em Minas Gerais, o metal é fundido em um forno de feixe de elétrons, no qual obtém a forma de um grande e pesado lingote de nióbio metálico. Esse lingote segue até o Porto de Santos (SP) e embarca em um navio rumo aos Estados Unidos. Lá, é novamente derretido, convertido em nióbio-titânio e transformado em um cabo com fios de cobre. Esse cabo é uma das matérias-primas utilizadas na fabricação do magneto, já em outra empresa. Dali, o nióbio viaja novamente até chegar a uma fábrica de equipamentos médicos, responsável por transformar o magneto naquele túnel esquisito e barulhento. Escondido no caixão *hi-tech*, o nióbio embarca mais uma vez em um navio e corta o oceano para atracar em solo brasileiro. De caminhão, sobe a Serra do Mar e enfrenta alguns quilômetros de engarrafamento até ser recebido, com pompa e circunstância, pelos diretores do Fleury. Afinal, uma peça daquelas deve custar os olhos da cara...

Tudo isso para quê? Para que eu, Camargo, diretor-geral da CBMM, tivesse minha próstata escaneada enquanto ouvia, ao lado do amigo nióbio, aquele barulho repetitivo e ensurdecedor.

Fui eu, pessoalmente, quem levou o embaixador Walther Moreira Salles, principal acionista da Companhia, para conhecer o forno de feixe de elétrons, berço do nióbio metálico, dias após sua aquisição. Vivíamos o início da década de 1990 e investíamos cada vez mais em usos não siderúrgicos do nióbio. Na ocasião, apresentei o embaixador ao Hernane Moura, técnico responsável pelo forno, e notei sua satisfação ao ouvir uma verdadeira aula sobre aquele aparato. Hernane explicou seu funcionamento em detalhes. Dominava uma tecnologia pioneira e nem por isso gabava-se da própria condição. "Homens como este, sem salto alto e com vasto conhecimento técnico, ainda vão dirigir as maiores empresas deste país", ouvi Walther Moreira Salles comentar enquanto nos afastávamos. Passados quinze anos, Hernane é superintendente de sistemas, manutenção e engenharia, um dos cargos mais altos na hierarquia da CBMM.

De repente, o barulho mudou e a máquina parou.

Estranhei. O que teria acontecido? Haviam se passado apenas dez minutos, de modo que ainda faltavam pelo menos trinta. Tentei espichar os olhos em direção a meus pés com a intenção de verificar qualquer movimento do lado de fora daquela gaiola. Havia luz no fim do túnel, eu pressentia. Mas nada além da luz. Apenas silêncio.

O silêncio me incomodou ainda mais do que o barulho. *E se tiver soado uma sirene de emergência e todos os médicos partiram, deixando-me para trás? E se ninguém vier me buscar? E se me esqueceram aqui? Ficarei amarrado nesse tubo até amanhã? Ficarei aqui para sempre? E agora, amigo nióbio, o que eu faço?*

— Com licença — a enfermeira vinha me salvar. — Houve uma queda de energia por causa da chuva e o funcionamento da máquina foi automaticamente interrompido.

Pelo menos eu não passaria a noite naquele túmulo claustrofóbico.

– Os geradores já foram acionados e dentro de cinco ou dez minutos o exame será retomado – ela disse. – Peço que o senhor permaneça nessa posição.

Mais essa, agora. Imóvel, enfiado em um tubo, com um tubo enfiado em mim, não me restava opção a não ser aguardar. E prolongar minha aflição. Os 40 minutos já haviam se transformado em pelo menos 50. Quase uma hora de ansiedade. Apenas eu e meu amigo nióbio, embalados pela sinfonia das britadeiras.

Foi um exame e tanto. No sábado, quando voltei ao Fleury para buscar o resultado, havia música ao vivo no saguão. Por um momento, as notas que brotavam do piano transformaram a inóspita recepção em um lugar ameno, onde a vida parecia pulsar, descontraída, entre colcheias e semicolcheias. Uma vida urgente, etérea, equilibrista, construída entre um compasso e outro.

Pensei imediatamente na desigualdade social, no abismo que separa a excelência do Fleury e a escassez de recursos da maioria dos postos de saúde espalhados pelo país. No início de 2008, pacientes sem plano de saúde teriam de pagar por aquele exame nada menos do que 1.326 reais segundo a tabela do Fleury, o equivalente a três salários mínimos e meio – valor sete vezes maior do que o máximo conferido pelo programa Renda Mínima da prefeitura de São Paulo e catorze vezes superior ao maior benefício recebido por uma família cadastrada no programa Bolsa-Família, do governo federal.

Quantas pessoas, neste país, não são capazes de viver um ano inteiro com 1.326 reais? Pagar essa quantia por um exame é algo que nem passa pela cabeça de 95% da população brasileira. Quando muito, o brasileiro-padrão tira uma radiografia ou faz um exame de vista.

No Fleury, eu podia tomar um café expresso enquanto a recepcionista, impecável, localizava minha ficha no sistema. Estamos tão acostumados a lidar com serviços medíocres e equipes sem preparo que custamos a acreditar que um ambiente assim, com piano e ar-condicionado, seja real.

Finalmente, faltava a radiografia do tórax, o último exame antes de agendar a cirurgia. Segui para a Unidade Radiológica Paulista (URP), na Avenida República do Líbano, a fim de providenciar a chapa. O radiologista que me atendeu, dr. Cezar Albertotti, lembrou que eu havia feito o mesmo exame meses antes.

– De novo por aqui, Camargo? Você está cismado com alguma coisa?

– Não, dr. Cezar. Desta vez a radiografia foi solicitada pelo Miguel Srougi.

– Hum... esse é o caminho de todos nós – ele lamentou, solidário. – Depois dos 50, todo homem fica condenado a ter problemas na próstata. Ainda bem que hoje existem outros procedimentos.

– Outros procedimentos? A que você se refere?

– Ora, Camargo, hoje é possível curar o câncer de próstata sem fazer a cirurgia.

– Mas o que você recomenda?

– Eu não posso recomendar nada; sou apenas um radiologista. Se você estiver com câncer, você precisa procurar um oncologista.

Miguel Srougi já havia mencionado a existência de outros procedimentos. Mas, ao enfatizar a cirurgia em sua abordagem, fizera com que eu me esquecesse deles. Àquela altura, apenas a prostatectomia radical passava pela minha cabeça. Mas o dr. Cezar estava certo. Antes de tomar qualquer decisão, eu deveria conversar com um médico especializado em câncer.

Mais tarde, naquele mesmo dia, tomando cuidado para não levantar suspeita sobre a minha saúde, procurei saber quem seria um bom oncologista. Uma amiga mencionou o nome de Drauzio Varella.

Drauzio Varella. Eu nem me lembrava que ele era oncologista. Sabia do sucesso de *Estação Carandiru* e acompanhava com entusiasmo as notícias sobre a versão cinematográfica do livro, dirigida por Hector Babenco, então em fase de finalização. Também costumava ler os artigos que Drauzio publicava na *Folha de S.Paulo*. Em um deles, o médico-escritor analisava a explosão demográfica e a falta de uma política eficaz de planejamento familiar. No texto, lembrava que o país tinha 90 milhões de habitantes durante a Copa de 1970 e chegara aos 170 milhões na Copa de 2002. Os bolsões de miséria talvez não existissem se o desenvolvimento do país tivesse sido acompanhado por uma redução nas taxas de natalidade. Suas idéias me chamaram tanto a atenção que, no final do ano anterior, eu o havia convidado, em nome da CBMM, para dar uma conferência sobre planejamento familiar em Araxá. A palestra só viria a acontecer dois anos mais tarde, e atrairia quase 4 mil pessoas.

Depois de ouvir dois urologistas, era hora de buscar a opinião de um oncologista. Marquei uma consulta com Drauzio Varella para dali a dois dias. Sem querer, ao solicitar uma chapa do tórax, Srougi deu a dica para que eu desistisse da prostatectomia radical recomendada por ele e optasse por outro procedimento.

Mas não vamos nos adiantar. Deixemos a história seguir seu ritmo.

Capítulo 4
Exames diagnósticos

O câncer de próstata não produz sintomas em sua fase inicial. Cresce em silêncio, como buracos na camada de ozônio e saudade de casa durante uma longa viagem de trabalho.

Quando os sintomas surgem – na forma de dor ao expelir a urina ou enfraquecimento do jato urinário, entre outros, nem sempre indicativos de tumor maligno –, a doença já atingiu um estágio tão avançado que a cura é bem menos freqüente.

Por essa razão, é preciso ser mais rápido que o câncer e realizar exames rotineiros, capazes de diagnosticar o caranguejo ainda em fase embrionária, antes que suas garras se tornem fortes e afiadas.

São dois os exames obrigatórios: o toque retal e a contagem de PSA. Ambos devem ser feitos anualmente, por todos os homens, a partir dos 50 anos.

Quando pelo menos um desses exames desperta dúvida, realizam-se a biópsia da próstata e a ultra-sonografia transretal, não apenas para confirmar a existência do câncer, mas também para melhor localizá-lo, o que é indispensável para a definição da agressividade da doença. "O câncer é igual a um bandido", compara o radioterapeuta Paulo Eduardo Novaes, do Hospital A. C. Camargo, de São Paulo. "Todo bandido é criminoso. Mas existem ladrões de galinha e traficantes de alta periculosidade. Os tipos de câncer, como os bandidos, são mais ou menos agressivos. Esses exames nos ajudam a descobrir se estamos lidando com um batedor de carteira ou com um estuprador."

Com o mesmo propósito de definir a agressividade da doença, os médicos costumam solicitar outros exames, capazes de indicar a presença de metástases em outros órgãos e tecidos. A cintilografia óssea, por exemplo, pode apontar metástases nos ossos, enquanto uma radiografia do tórax é aliada na busca por metástases no pulmão.

Dos resultados de todos esses exames vai depender a escolha do tratamento mais adequado. Vejamos as principais características de cada um.

O toque retal

A próstata, já sabemos, é um pequeno órgão glandular localizado na região pélvica dos homens, sob o abdome. Escondida, ela não permite um exame clínico externo, como ocorre com o câncer de pele, nem o auto-exame, realizado preventivamente nas mamas pelas mulheres. Por sorte – ou sabedoria do arquiteto que projetou o corpo humano – a próstata está colada ao reto e pode ser facilmente alcançada por meio do ânus.

Diferentemente de órgãos como o pulmão e o coração, essa glândula pode ser tocada em um exame físico, desprovido de qualquer ferramenta, conhecido como toque retal. Tradicionalmente, o toque é o exame responsável por identificar qualquer alteração ocorrida na próstata.

Feito normalmente pelo urologista, embora possa ser realizado também por clínicos gerais e médicos de família, o toque consiste na palpação da próstata. Calçando uma luva de látex, o médico introduz o dedo indicador no ânus do paciente, devidamente lubrificado, com o objetivo de verificar o aspecto tátil da glândula.

O exame é simples e relativamente indolor. Normalmente, 40 segundos são suficientes para que a glândula seja devidamente analisada. "A próstata normal tem consistência amolecida e superfície lisa", explica o urologista Miguel Srougi. "A próstata com hiperplasia benigna tem as mesmas características, embora se apresente com maior volume, e a próstata com câncer evidencia nódulos ou áreas de consistência endurecida e superfície irregular."

Alguns médicos comparam a palpação na próstata normal ao toque na ponta do nariz: flexível, elástico, homogêneo. A próstata com câncer, por outro lado, assumiria o mesmo aspecto enrijecido dos nós dos dedos: duros e irregulares. Quando identificada qualquer saliência ou caroço, outros exames devem ser feitos para investigar a próstata com mais cuidado.

Na opinião do urologista Marco Arap, o toque retal continua sendo o mais democrático de todos os exames. "Ele pode ser feito em qualquer lugar e não requer nenhuma tecnologia", justifica. "Não precisa de ultra-som, nem de laboratório, anestesia ou recolhimento de sangue. Bastam um médico capacitado e uma luva de látex comum." A luva, aliás, nem sequer precisa ser estéril.

Ainda segundo Marco Arap, nesse exame é possível verificar a posição e a consistência da próstata, seu tamanho, recessos laterais, a presença de nódulos, a localização e a característica de cada um deles. Não bastasse tudo isso, o toque retal ainda fornece informações úteis para a identificação de outros distúrbios, como a ocorrência de sangue nas fezes e a presença de tumores no reto.

Todo homem deve incorporar o toque retal à sua rotina e realizá-lo anualmente a partir dos 50 anos. Havendo algum caso de câncer de próstata entre os familiares, recomenda-se o *check-up* já a partir dos 40, o que também é indicado aos obesos e aos negros, que, estatisticamente, têm maior predisposição ao desenvolvimento da doença.

A relevância do toque retal pode ser comparada à dos exames ginecológicos, como o Papanicolau, realizados pelas mulheres para identificação de tumores no útero. Infelizmente, os homens costumam ser mais negligentes em relação à saúde e, teimosos, resistem a realizá-lo.

A fama não ajuda. Para muitos homens, principalmente os latinos, permitir que alguém introduza um dedo em seu ânus é uma afronta à própria masculinidade. Outros, inseguros de sua sexualidade, preferem não arriscar... Há ainda aqueles que fogem do urologista como o diabo da cruz com medo de que o exame seja muito dolorido. Quem vence o preconceito e a fobia, no entanto, descobre que o toque não é nenhum bicho-de-sete-cabeças. E costuma repeti-lo no ano seguinte.

Sabe-se que, nos Estados Unidos e na Alemanha, apenas para citar dois países altamente desenvolvidos, também se verifica a mesma resistência ao toque por parte da população. Em

EXAMES DIAGNÓSTICOS

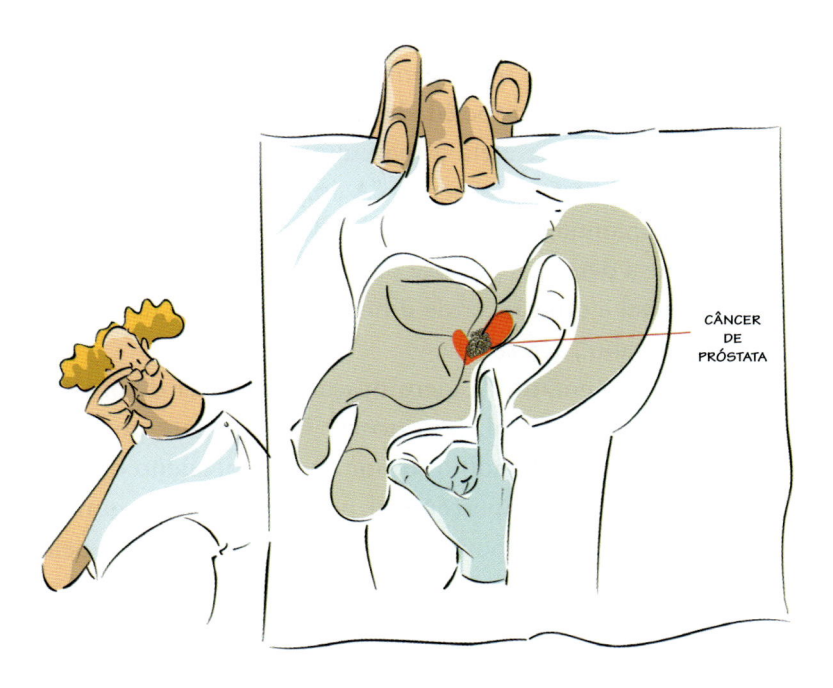

CÂNCER DE PRÓSTATA

A parte posterior da próstata é acessada com a introdução do dedo indicador do médico no ânus. Chama-se toque retal o exame clínico que avalia o aspecto tátil da glândula e verifica a existência de um tumor.

qualquer lugar do mundo, o preconceito é inversamente proporcional ao grau de instrução. "Ainda não é fácil convencer os mais ignorantes a fazê-lo", diz o oncologista Drauzio Varella.

Marco Arap, por sua vez, comemora a queda nos índices de rejeição verificada não apenas em seu consultório, mas, segundo ele, em toda a sociedade. "As pessoas estão deixando de achar que o toque afeta a masculinidade e aquelas coisas todas que se pensava", observa. "A imprensa desempenhou papel fundamental nessa mudança de comportamento ao mostrar que a detecção precoce pode ser a diferença entre um câncer curável e um câncer de difícil cura. Ou seja, não existe espaço para tabu", acrescenta.

Às vezes, no entanto, a identificação do câncer de próstata escapa ao toque retal. Isso ocorre basicamente por dois motivos. Primeiro, quando o tumor ainda é pequeno demais e seu volume passa imperceptível pela apalpação. Segundo, porque apenas a zona posterior da próstata é acessada pelo reto. Quase sempre é nessa região que o câncer se desenvolve, mas em 20% dos casos o tumor se origina nas zonas frontal ou central, fora do alcance do toque. Em razão desses dois fatores, o toque pode falhar em 30% a 40% das vezes.

Considerando-se a impossibilidade de prever o local exato de desenvolvimento do câncer e partindo-se do princípio de que ninguém, em sã consciência, prefere esperar o crescimento do tumor até um estágio em que o urologista seja capaz de identificá-lo, outro exame está indicado: a contagem de PSA.

O PSA

O antígeno prostático específico, ou PSA (do inglês *Prostate Specific Antigen*), é uma proteína que tem sido amplamente utilizada, desde meados da década de 1980, como marcador do câncer de próstata.

Chama-se marcador toda substância cuja presença no organismo pode ser calculada e que, aumentando ou diminuindo, sugere a existência de determinada doença.

Ainda são raros os marcadores de câncer com utilidade prática. Alguns dos mais difundidos hoje são o Ca 19-9, empregado na identificação do câncer do pâncreas, o Ca 125, indicativo de câncer no ovário, e a alfafetoproteína, sugestiva de câncer no fígado e nos testículos. Nenhum deles é produzido exclusivamente pelas células malignas, de modo que oscilações em suas taxas podem ser ocasionadas também por outras patologias. Dessa forma, os marcadores devem ser usados com cautela e sempre em associação com outros exames.

Em 1979, no Instituto do Câncer do Estado de Nova York, situado em Buffalo, o dr. Ming C. Wang e colaboradores identificaram no soro sangüíneo uma enzima produzida exclusivamente pelas células prostáticas, o PSA. Em 1980, na mesma instituição, Lawrence Papsidero foi pioneiro em quantificar sua presença no sangue e em associar sua quantidade ao tamanho da glândula e, por extensão, à possível presença de um tumor maligno.

A utilização da dosagem do PSA como exame diagnóstico é posterior, tendo sido testada por muitos médicos a partir de 1981. Aprovado em 1986 pela Food and Drug Administration (FDA) – órgão americano responsável por testar alimentos, bebidas, medicamentos e equipamentos médicos antes de liberar sua comercialização –, o exame de PSA difundiu-se pelo mundo todo ao longo da década seguinte. "A dosagem do PSA nos permitiu descobrir tumores muito mais precocemente, a partir de exames de sangue muito simples", aprova Miguel Srougi. "Até a década de 1970, 70% dos casos de câncer de próstata eram descobertos com metástases. Hoje, entre 80% e 85% dos casos são descobertos dentro da próstata."

Graças ao PSA e à localização limitada do tumor, é possível curar a maioria dos pacientes. "O PSA também nos ajuda a controlar os resultados do tratamento", diz Srougi. "Muito antes de aparecer uma recidiva da doença, o PSA eleva-se, o que nos coloca em alerta e nos permite tratar também de maneira precoce esses indivíduos."

O PSA não é infalível. Por ser um antígeno específico da próstata, e não do câncer de próstata, ele é produzido tanto pelas células prostáticas normais quanto pelas células alteradas, de modo que o PSA em elevação nem sempre indica a presença de um tumor maligno. Altas taxas podem resultar do crescimento benigno do órgão ou de algum tipo de inflamação. O PSA também tende a aumentar naturalmente em razão do envelhecimento, uma vez que o volume da próstata costuma ser proporcional à idade.

Ainda assim, na maioria das vezes, a dosagem de PSA é útil para denunciar o câncer logo no início do seu desenvolvimento. Rápido, barato e pouco invasivo (bastam alguns mililitros de sangue), esse exame pode ser solicitado com qualquer hemograma de rotina – daqueles que os homens devem fazer periodicamente para checar o colesterol, a glicose, as plaquetas etc.

As taxas de PSA são calculadas em nanogramas por litro de sangue (ng/ml). Nanograma é a bilionésima parte do grama. Nos indivíduos jovens e saudáveis, a quantidade de PSA é desprezível, em geral inferior a 0,5 ng/ml. A partir dos 40 anos, quando a possibilidade de desenvolvimento do adenocarcinoma prostático é maior, sua taxa sobe consideravelmente conforme a faixa etária. Para homens de 40 a 49 anos, por exemplo, entende-se como segura uma taxa de PSA inferior a 2,5 ng/ml. Dos 50 aos 59, o valor de referência é 3,5 ng/ml. Entre 60 e 69 anos, PSA acima de 4,5 é altamente suspeito, da mesma maneira que, a partir dos 70, as taxas não devem passar de 6,5 ng/ml.

No livro *Próstata: 100 perguntas e respostas* (Larousse, 2003), o médico francês Marc Zerbib torce o nariz para esses números. "Essa distribuição etária só tem valor para a população como um todo e dificilmente pode ser aplicada a um indivíduo isolado", escreve ele. "O valor do PSA vinculado à idade tem pouco interesse para a prática diária." No cotidiano dos médicos, entende-se como normal o PSA abaixo de 4. Recomenda-se que todo paciente com PSA superior a 4 seja mais bem investigado.

Algumas vezes, no entanto, biópsias realizadas em pacientes com PSA inferior a 4 também identificam a doença. De acordo com Miguel Srougi, o exame de PSA pode falhar em cerca de 20% dos casos: ou seja, o valor apresentado é inferior a 4 ng/ml a despeito da presença do tumor.

Por esse motivo, deve-se levar em consideração a velocidade com que a dosagem aumenta. Os tecidos malignos, é bom lembrar, crescem de forma rebelde e exuberante, muito mais depressa do que as células saudáveis, de modo que a franca ascensão da taxa de PSA no intervalo de poucos meses é altamente suspeita. Assim, o exame deve ser feito todos os anos e seus resultados, comparados.

Grosso modo, toda elevação de PSA superior a 0,75 ng/ml por ano é preocupante. Um homem com PSA de 2,8 ng/ml que 12 meses antes havia apresentado PSA inferior a 2 ng/ml é forte candidato a apresentar a doença, apesar de sua taxa de PSA estar muito aquém da margem de segurança de 4 ng/ml.

Pelo mesmo motivo, o exame do toque não deve ser, em hipótese alguma, descartado. "Eles são complementares. Um não exclui a necessidade do outro", ensina Marco Arap. "Dos indivíduos que têm câncer diagnosticado atualmente, cerca de 80% o fazem pelo PSA. Outros 15% a 20% têm PSA normal e são diagnosticados somente pelo toque." Fazendo-se os dois exames, 92% dos tumores malignos são devidamente identificados, o que não ocorre em 8% dos indivíduos, segundo Miguel Srougi. Nesses, o tumor costuma ser pequeno demais, estar localizado na região frontal da próstata e não provocar aumento substancial do PSA. Na maioria das vezes, a doença nesses pacientes será diagnosticada no ano seguinte, quando forem feitos novos exames e, aí sim, surgirem alterações.

Além de permitir o diagnóstico do câncer, em associação com o toque retal, o PSA também fornece elementos que ajudam a precisar a agressividade da doença. Seu valor é sempre considerado na hora de se definir o tratamento.

Diagnóstico pelo PSA		
Risco de ter câncer de próstata conforme o nível de PSA no sangue e o resultado do toque retal		
Nível de PSA	Toque normal	Toque alterado
Desconhecido	10%	40%
Menor que 4	5-8%	25%
Entre 4 e 10	15%	80%
Maior que 10	40%	95%

Fonte: Livro *Próstata: Isso é com você*, de Miguel Srougi, Publifolha, 2003.

Hoje, há o consenso de que PSA inferior a 10 ng/ml caracteriza doença branda, PSA entre 10 e 20 indica grau intermediário e PSA acima de 20 é característico de câncer agressivo. Neste último caso, é grande a probabilidade de a doença já ter invadido tecidos vizinhos, algo pouquíssimo provável em indivíduos com PSA abaixo de 10.

Quanto mais alto o PSA, maior a chance de haver metástases. Quando há células malignas de próstata disseminadas por todo o corpo, todas elas produzindo o antígeno, é comum o PSA atingir dosagens superiores a 90 ng/ml.

O ultra-som transretal

A ultra-sonografia prostática, realizada através do ânus, permite uma avaliação mais precisa do aspecto geral da glândula do que aquela obtida por meio do toque retal. Ela é possibilitada pela introdução, no reto, de um aparelho chamado transdutor de ecografia, capaz de gerar imagens dos nódulos hipoecóicos, característicos das lesões cancerosas, nos quais o som se propaga menos do que nos tecidos normais.

No entanto, o ultra-som transretal tem sido pouco utilizado como exame diagnóstico. "Ele falha em até 50% dos pacientes, deixando de evidenciar tumores que estão presentes ou revelando áreas hipoecóicas que não são malignas", explica Miguel Srougi.

Com essa margem de erro, é mais vantajoso fazer o toque retal e o PSA, exames mais baratos, práticos e confortáveis. A ultra-sonografia é adiada para um estágio posterior ao diagnóstico, como método para avaliar o estadiamento do tumor e também como ferramenta indispensável para guiar as agulhas durante a biópsia – este sim um exame fundamental.

A biópsia

Pacientes com toque retal alterado e/ou elevação suspeita do PSA devem se submeter à biópsia por agulha.

A biópsia é considerada o exame definitivo. É ela que aponta de maneira mais eficiente a presença de células cancerosas e define com razoável precisão a agressividade da doença. Sua desvantagem é ser um procedimento bem mais especializado e incômodo do que o toque e o PSA. Muitos homens apresentam sangramento na urina ou nas fezes após a biópsia e alguns desenvolvem quadro infeccioso. Por esse motivo, ela só deve ser realizada quando as suspeitas de câncer forem grandes, já com o objetivo de fornecer elementos para a escolha do tratamento.

A biópsia consiste na extração de tecido prostático para exame em laboratório. Sob anestesia local, introduz-se pelo reto uma agulha especial acoplada a um transdutor ultra-sonográfico responsável por gerar as imagens que guiarão o exame. Retiram-se, então, de seis a dezoito fragmentos cilíndricos da glândula, com pelo menos um centímetro de comprimento.

"Hoje, a maioria dos laboratórios no Brasil considera que o número ideal de fragmentos a ser retirado para diagnóstico é doze, seis de cada lado da próstata, de áreas bem específicas e predeterminadas", diz Roberto Antônio Pinto Paes, professor de anatomia patológica da Faculdade de Ciências Médicas da Santa Casa de São Paulo. "Os fragmentos são acondicionados em recipientes, identificando-se o local de origem de cada um, e encaminhados para exame histológico, procedimento no qual o patologista realiza a observação do material em busca de células alteradas."

Cada lâmina é observada ao microscópio e sua imagem é cotejada por um sistema que serve de padrão comparativo

EXAMES DIAGNÓSTICOS

A biópsia consiste na retirada de fragmentos da próstata para análise em laboratório. Uma agulha especial, inserida pelo ânus e guiada por um aparelho de ultra-som, capta material de diferentes pontos da glândula, de modo a indicar a localização e a qualidade do tumor.

para que o patologista possa analisar se a lesão é benigna ou maligna e, neste caso, graduar a agressividade da doença.

Há mais de um sistema disponível para a gradação histológica do câncer de próstata. O mais difundido é o diagrama criado pelo patologista americano Donald F. Gleason. Em 1966, Gleason formulou um gráfico no qual são apresentados desenhos que reproduzem cinco diferentes aspectos histológicos, graduados de 1 a 5 conforme o estágio de diferenciação celular. Em 1977, o próprio Gleason publicou uma revisão de seu diagrama, e, em 2005, uma nova versão do desenho foi proposta pela Sociedade Internacional de Patologia Urológica.

No sistema de Gleason, o grau 1 identifica um tecido muito próximo do normal, com células bem diferenciadas e organizadas. Na extremidade oposta, o grau 5 aplica-se a neoplasias com alto grau de malignidade, nas quais os limites das células prostáticas são dificilmente identificados, os

Diagrama de Gleason

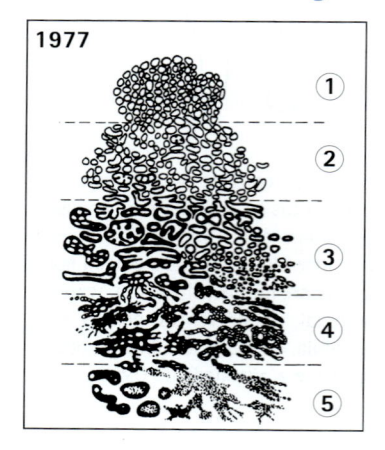

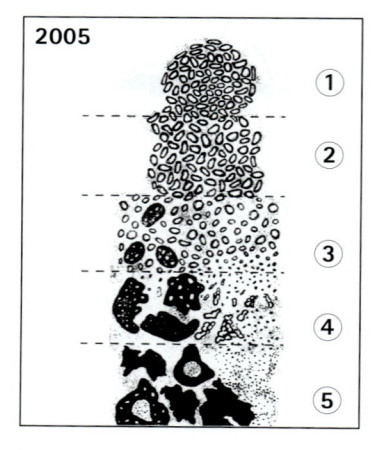

Fonte: Sociedade Internacional de Patologia Urológica.

núcleos são atípicos e o aspecto predominante é de uma massa amorfa, caótica, formada por células que aparentam ter sofrido intensas mutações.

Ao localizar um tecido neoplásico em algum dos fragmentos, o patologista concentra sua atenção sobre a porção alterada e observa o grau de diferenciação celular daquela região. Adotando o diagrama de Gleason como parâmetro, o patologista indica os dois padrões predominantes naquele trecho, desde que o segundo ocupe no mínimo 5% da amostra. Em seguida, somam-se as duas notas obtidas, de modo que a contagem final para cada lâmina fique entre 2 e 10. Um fragmento constituído majoritariamente por tecido de grau 3, no qual seja possível vislumbrar 20% de tecido de grau 5, por exemplo, receberá nota 8 (3+5).

O laudo produzido a partir da análise patológica indicará as notas obtidas em cada um dos fragmentos, de maneira independente, e, na presença do tumor, mostrará qual seu padrão histológico e qual a extensão da área comprometida. Uma biópsia poderá indicar, por exemplo, adenocarcinoma prostático com grau 6 (3+3) de Gleason e comprometimento de 40% de um único fragmento.

Na prática, a nota mais alta obtida entre os fragmentos será adotada como qualificador do câncer. Uma forma corriqueira de se referir à agressividade da doença é mencionar seu "escore de Gleason", nome dado ao placar da diferenciação celular: Fulano tem câncer de próstata com escore de Gleason 6, enquanto Beltrano tem câncer grau 8 de Gleason. Esse número diz muito sobre a gravidade da doença, uma vez que ele pode sugerir a velocidade de crescimento e de multiplicação do câncer. "Um tumor com escore de Gleason inferior a 6 é considerado menos maligno, 7 é intermediário e neoplasias com escore de Gleason entre 8 e 10 são consideradas agressivas", explica o patologista Roberto Paes. A possibilidade de a doença comprometer tecidos extraprostáticos ou produzir metástases é maior nos casos de alto grau.

Como ocorre com o toque retal, o PSA e o ultra-som, a biópsia também não é infalível. Ela poderá não acusar câncer se nenhuma das agulhas atingir o tumor. Nesse caso, PSA elevado ou toque alterado podem justificar a realização de uma segunda biópsia, embora exista sempre a possibilidade de o tumor ainda assim não ser encontrado. "O paciente fica desesperado com o aumento do PSA, e o médico, aflito porque não consegue explicá-lo", resume Miguel Srougi. "O sofrimento é tão grande que alguém nos Estados Unidos cunhou a expressão 'psaíte' para se referir à suposta doença causada na mente do paciente pela elevação injustificada do PSA." Além de se garantir ao doente acompanhamento psicológico adequado, é preciso acompanhar atentamente até que, mais cedo ou mais tarde, o câncer mostre a cara.

Outros exames

Confirmado o câncer na próstata por meio do exame histológico e definido o escore de Gleason, o médico pode solicitar a realização de outros exames para definir com maior segurança o estadiamento clínico da doença, o que é essencial para fins de prognóstico e para a escolha do tratamento.

Chama-se estadiamento clínico o mapeamento de uma neoplasia no organismo. O câncer de próstata, por exemplo, pode estar restrito ao interior da próstata, tangenciar a superfície do órgão, ter se infiltrado nos tecidos vizinhos ou, nos casos mais graves, ter desencadeado metástases nos gânglios linfáticos ou em órgãos distantes, atingidos por meio da circulação sangüínea. Esse mapeamento é expresso por um sistema conhecido como TNM, no qual T significa tumor, N, metástases em linfonodos adjacentes e M, metástases a distância.

De forma simplificada, o câncer de próstata pode ser classificado como T1, T2, T3, T4, N0, N1, M0 ou M1.

T1 é o câncer restrito à próstata que, distante da superfície da glândula, nem sequer é notado no toque retal, sendo identificado apenas pelo PSA elevado ou pelo exame patológico.

T2 é o câncer confinado à próstata que, localizado na zona periférica do órgão, apresenta-se no toque retal como um nódulo endurecido, podendo ocupar um só lobo ou os dois.

T3 é o câncer que já ultrapassou os limites da próstata em pelo menos um dos lobos e ameaça infiltrar-se em tecidos vizinhos, podendo ser identificado nas vesículas seminais.

T4 é o câncer que invadiu a bexiga, o reto, a parede pélvica ou outros órgãos.

A partir desse ponto, é possível que o câncer tenha acometido também os gânglios linfáticos e desencadeado as chamadas metástases linfonodais. Ou que tenha estabelecido colônias em órgãos diversos, na forma de metástases a distância. A primeira hipótese é mencionada como N1 e a segunda, como M1. Quando não se verificam metástases linfonodais ou a distância, referem-se ao câncer como N0 e M0, respectivamente.

Para o correto estadiamento clínico do câncer, notadamente quando há hipótese de metástases, devem-se realizar mais alguns exames. "Para estadiar os tumores clinicamente, os médicos combinam as informações obtidas pelo toque retal, pelo teste do PSA e pelo ultra-som transretal com as informa-

É CÂNCER!

T1 = TUMOR INTRAPROSTÁTICO NÃO PALPÁVEL

T2 = TUMOR INTRAPROSTÁTICO PALPÁVEL

T3 = TUMOR PALPÁVEL COM EXTENSÃO EXTRACAPSULAR E ACOMETIMENTO DAS VESÍCULAS SEMINAIS

T4 = TUMOR PALPÁVEL EXTRACAPSULAR FIXADO AOS ÓRGÃOS ADJACENTES (RETO, BEXIGA...)

M+ = METÁSTASES ÓSSEAS

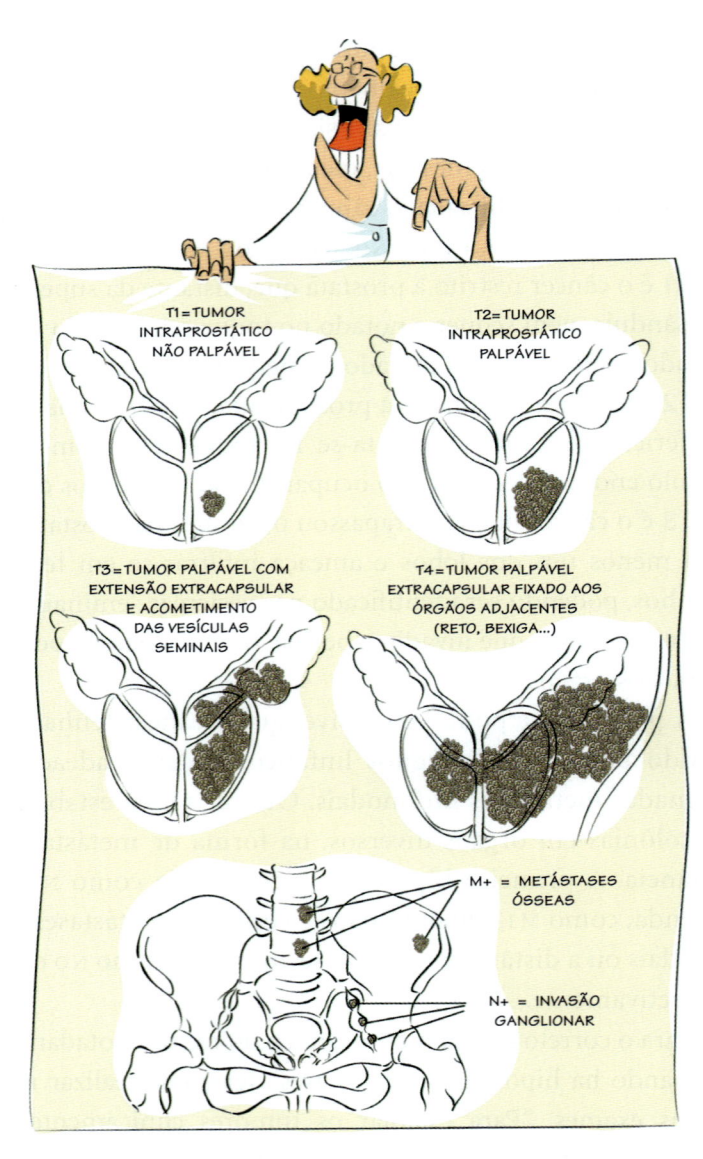

N+ = INVASÃO GANGLIONAR

Os diferentes estágios de disseminação do câncer de próstata pelo organismo são expressos por um sistema conhecido como TNM.

ções proporcionadas por outros testes", escreve o oncologista gaúcho Luiz Alberto Fagundes no livro *Câncer de próstata: novos caminhos para a cura* (AGE/Fundação de Radioterapia do Rio Grande do Sul, 2002). "Tomografias computadorizadas do abdome e da pelve podem ser feitas para se procurar evidência de câncer nos linfonodos. Uma cintilografia óssea procurará depósitos cancerosos nos ossos. A ressonância magnética pode auxiliar a determinar se o tumor cresceu além da cápsula prostática", enumera ele.

Outro exame freqüente e bastante simples é a radiografia do tórax, capaz de verificar a existência de metástases no pulmão. Quando todas as hipóteses tiverem sido devidamente estudadas e um panorama preciso da agressividade da doença for esboçado – o que necessariamente leva em consideração a taxa de PSA, o escore de Gleason e o estadiamento clínico –, é hora de definir o tratamento.

# Capítulo 5
Missão secreta

Ainda bem *que existem outros procedimentos.*

As palavras do dr. Cezar Albertotti ecoavam nos meus ouvidos como um disco riscado: *outros procedimentos. Outros procedimentos. Outros procedimentos.*

A caminho do consultório de Drauzio Varella, naquela quinta-feira, 13 de março de 2003, deduzi que os "outros procedimentos" deveriam ser alguma pílula milagrosa à qual apenas os iniciados – os oncologistas! – teriam acesso. Imaginei Drauzio Varella com um manto branco e comprido, as mãos postas em oração e os olhos serenos, sublinhados por uma barba longa e espessa. Drauzio, o salvador. Drauzio, o caminho, a verdade e a vida.

A imagem de Drauzio Varella disfarçado de guru me fez sorrir. E constatar que estava sorrindo me fez sorrir um pouco mais. Afinal, eu tivera alguma sorte. Provavelmente, eu não iria morrer. Ainda não. "A sorte é uma coisa que vem de muitas formas, e quem é que pode reconhecê-la?", escreveu Ernest

Hemingway em *O velho e o mar*. Na trama, Santiago é um pescador alquebrado pela idade que, numa madrugada, embarca sozinho para o alto-mar, em um barco pequeno, como se quisesse provar para si mesmo que ainda era capaz de grandes conquistas. Acaba capturando um peixe de cinco metros e meio, que, após três dias à deriva, é totalmente devorado por tubarões. Apesar da frustração de perder a batalha, o velho consegue chegar vivo à praia, arrastando como troféu a maior espinha que os moradores do povoado já haviam visto.

Como Santiago, eu teria a sorte de permanecer vivo, apesar do câncer. No máximo, jogaria minha próstata aos tubarões em troca de sossego. Mas havia esperança. Esperança de cura. Esperança de vida.

A caminho de seu consultório, no Itaim, eu imaginava o que Drauzio teria a me dizer. Primeiro, ele passaria os olhos em meus exames. Em quatro semanas, eu havia compilado uma penca deles. Estavam todos anexados ao meu currículo. Eu os levava comigo, para cima e para baixo, reunidos em uma pasta grande, de plástico. Era meu *portfolio*, o cartão de visitas que eu apresentava a cada nova consulta.

As consultas eram verdadeiras entrevistas de emprego. Cada médico se apresentava como o profissional de recursos humanos responsável pela seleção de pessoal. Eu, um tímido candidato, sem nenhuma experiência na área. Se fosse publicar um anúncio, ele seria mais ou menos assim: "José Alberto de Camargo, 68 anos, paulistano, economista, diretor de empresa do ramo de metalurgia e mineração, apreciador de vinhos e da boa gastronomia, dono de um câncer T1 com grau 6 de Gleason e 7,4 ng/ml de PSA, candidata-se à vaga de paciente e estuda propostas que lhe garantam um futuro amplo, geral e irrestrito".

Aquele *portfolio* dizia tudo sobre mim. Coisas que eu nem conhecia. Em linguagem cifrada, expunha as minhas mais improváveis intimidades. Consultando-o, era possível saber, por exemplo, que o meu câncer era formado por "células cubóides ou cilíndricas dispostas em arranjo tubuloacinar, de aspecto irregular, limites imprecisos e moderada fibrose intersticial". Provavelmente, aqueles palavrões fariam a diferença na próxima entrevista de emprego.

Drauzio Varella me recebeu calorosamente:

– Camargo, eu lhe devo desculpas. – Ele se referia à conferência sobre planejamento familiar que eu havia lhe proposto meses antes. – Fiquei muito honrado com o convite, mas estou tão ocupado com a finalização do filme *Carandiru* que ainda não tive tempo de pensar em uma data.

– Drauzio – eu o interrompi, delicadamente –, eu não estou aqui em nome da CBMM. Eu vim como paciente.

– Paciente? Paciente de quê? – Coloquei o *portfolio* em cima da mesa, como um fotógrafo que, ao visitar a redação de uma revista, submete suas melhores imagens ao olhar criterioso do editor.

– Observe você mesmo.

Atento, Drauzio analisou todas as fotos, uma por uma, com minúcia e precisão. Em cada papel timbrado, ele era capaz de vislumbrar a genialidade do enquadramento, a granulação, a composição, o foco, a luz. Aquele médico tinha quase 30 anos de experiência no assunto e reunia todos os predicados para decifrar cada linha com argúcia e cuidado.

– É, Camargo, você tem um câncer.

Dessa vez, o diagnóstico não me causou espanto.

– Drauzio, o dr. Srougi já me falou sobre a doença. Foi ele, inclusive, quem pediu os últimos exames para verificar sua agressividade. Disse-me que, de acordo com a biópsia, o PSA e o toque retal, trata-se de um câncer pequeno e localizado.

— É isso mesmo. Seu câncer está restrito a apenas um dos lobos da próstata, e tanto o PSA quanto o escore de Gleason são baixos.

— Por ser um câncer restrito à próstata, ele sugeriu a cirurgia radical – contei.

— A cirurgia é uma opção, Camargo. Mas, no seu caso, desconfio que não seja a mais indicada.

— Por quê?

— A escolha de um tratamento exige um cálculo muito sutil, que leve em conta a chance de cura, a qualidade de vida e os efeitos colaterais – Drauzio pôs-se a explicar; e eu percebi que a aula havia começado. – Os dados disponíveis até o momento não nos permitem afirmar que a cirurgia seja mais eficaz do que a radioterapia em casos como o seu. Se você fosse seis ou sete anos mais velho, eu diria para você apenas monitorar a evolução do tumor. Aos 75 anos, o desenvolvimento do seu câncer seria tão lento que, provavelmente, você passaria dos 80 e morreria por outro motivo antes de ocorrer a primeira metástase. Como você ainda tem 68, é mais sensato optar por um tratamento.

Em seguida, ele fez uma exposição bastante didática de todas as opções disponíveis, da vigilância ativa à teleterapia, da braquiterapia à terapia hormonal. Eram aqueles os "outros procedimentos" mencionados pelo dr. Cezar Albertotti. Embora nenhum se comparasse à pílula milagrosa dos meus sonhos, pareciam ser alternativas bastante razoáveis à prostatectomia, com resultados semelhantes, prognósticos parecidos e efeitos colaterais menos traumáticos. Entre todos eles, no entanto, Drauzio parecia enfatizar a braquiterapia e a cirurgia radical.

— A sobrevida de 10 anos ultrapassa os 90% para ambos os tratamentos. Aos 15 anos, a cirurgia apresenta uma ligeira vantagem, algo como 88% de chance de cura contra 80% de quem fez algum tipo de radioterapia. Embora não tenhamos dados suficientes para afirmar, acreditamos que essa vantagem aumente quando consideramos a probabilidade de sobrevida superior a 20 anos. Isso também é relativo, uma vez que tanto a teleterapia quanto a braquiterapia evoluíram bastante na última década. E tudo isso depende da idade em que é feito o diagnóstico e iniciado o tratamento.

Diferenças estatísticas para dali a 20 anos não faziam muita diferença para mim. Aos 68 anos, eu não tinha a pretensão de viver tanto tempo, mesmo antes de diagnosticar aquele câncer. Drauzio parecia concordar e, por isso, apresentava a cirurgia e a radioterapia como igualmente eficazes em casos como o meu.

— Quando diferentes tratamentos se equivalem na probabilidade de cura, é preciso levar em conta a qualidade de vida — Drauzio seguia seu raciocínio. — E, na sua idade, a impotência sexual acomete mais de 80% dos homens que se submetem à prostatectomia radical. Para muitos pacientes, trata-se de um efeito colateral irrelevante. Depois dos 60, muitos homens já não têm relações sexuais com freqüência, seja por estarem casados há muito tempo com a mesma senhora, seja por já terem algum grau de disfunção sexual.

Rapidamente, fiz as contas de cabeça. Com a braquiterapia, eu teria 80% de chance de estar curado dali a 15 anos, enquanto a cirurgia me dava uma pequena vantagem, na casa dos 88%. Mas poderia cobrar um preço caro: a impotência.

— Há ainda a pequena possibilidade de você ter incontinência urinária.

Incontinência urinária, eis um fantasma que me assustava mais do que a impotência. Meu pai e minha mãe tiveram de usar sonda nos últimos meses de vida e eu sabia quanto aquilo exigia atenção e cuidado. Deixar de esvaziar o reservatório na hora certa ou mantê-lo em posição mais elevada do que o abdome poderia desencadear o refluxo da urina e acarretar o risco de uma eventual infecção. Lembrava-me com certo trauma dos saquinhos de urina constantemente amarrados à cintura dos meus pais. E se eu também tivesse de usar uma sonda? Como seria viver com ela?

— A maioria dos casos de impotência pode ser solucionada, hoje, com fisioterapia, medicação e também com o implante de próteses infláveis – Drauzio tentava amenizar o impacto daquela sentença. – Também para a incontinência existem soluções, como o esfíncter artificial.

Àquela altura, eu já estava ansioso para saber se algum procedimento proporcionaria menor risco de impotência e incontinência urinária do que a prostatectomia – ou, nas palavras de Drauzio, melhor qualidade de vida. O que ele recomendaria?

— Trocando em miúdos, Camargo, a cirurgia seria a opção mais segura se você tivesse 50 anos, com uma expectativa de vida de mais de três décadas. Mas, aos 68 anos, com um câncer pouco agressivo, acredito que você seja elegível à braquiterapia – ele disse, finalmente, como um *maître* que sabe sugerir o melhor vinho sem parecer indiscreto. – Você pode viajar?

— Ora, eu vivo viajando, Drauzio. Por quê?

— Você poderia ir a Pittsburgh, nos Estados Unidos?

Eu quase caí da cadeira.

— Drauzio, eu freqüento Pittsburgh. A CBMM tem uma subsidiária em Pittsburgh e a cada dois meses eu viajo para lá.

— Ótimo! O departamento de radioterapia do Shadyside Hospital, associado à Universidade de Pittsburgh, é dirigido por um brasileiro com larga experiência em braquiterapia chamado Shalom Kalnicki. Vou tentar localizá-lo.

Que bom seria se todos os médicos soubessem se comunicar como Drauzio e, mais do que apresentar sua estratégia de combate, demonstrassem a mesma preocupação com o bem-estar geral dos pacientes. Drauzio telefonou para o dr. Kalnicki na minha frente, explicou a ele quem eu era e, antes de dar a consulta por encerrada, instruiu:

— Vá visitá-lo na próxima segunda-feira. Leve todos os exames, incluindo os fragmentos da biópsia.

Acelerei o passo. A quinta-feira já estava acabando e eu deveria estar em Pittsburgh na segunda. Teria apenas o dia seguinte para buscar o material da biópsia e resolver os últimos detalhes antes de partir. Comuniquei à Companhia que viajaria no sábado, 15 de março. E deixei claro que seria uma viagem particular.

Pittsburgh, quem diria... Velhos conhecidos, Pittsburgh e eu convivíamos como dois grandes parceiros havia 25 anos. Não haveria lugar mais perfeito para meu tratamento. Eu pagava um plano de saúde nos Estados Unidos e ele certamente cobriria todos os custos. Possuía um apartamento na cidade desde 1984 e, principalmente, poderia fazer quantas viagens fossem necessárias sem despertar curiosidade na Companhia.

A Universidade de Pittsburgh era parceira da CBMM. Havíamos patrocinado alguns projetos de pesquisa e ajudáramos a modernizar o departamento de metalurgia. Também havíamos promovido o intercâmbio de estudantes chineses, muitos deles com bolsas de mestrado ou doutorado na instituição. De fato, boa parte dos nossos colaboradores no exterior era vinculada a ela. Em 1998, eu fora convidado a plantar uma árvore em seu *campus,* uma homenagem inspirada na experiência da própria CBMM, que, desde 1979, convida parceiros e visitantes a plantarem mudas em seus jardins. Sempre que possível, passo para visitar minha árvore, hoje um plátano vistoso, localizado ao lado da Heinz Chapel, uma bela capela em estilo neogótico doada por Henry John Heinz, fundador da Heinz Company, famosa marca de mostarda e *ketchup.*

Antes de embarcar, havia apenas uma tarefa a cumprir: recuperar as plaquetas com os fragmentos da próstata no laboratório de patologia conveniado ao Oswaldo Cruz.

O que era para ser uma coisa rápida acabou virando uma novela. O laboratório se recusava a entregar o material, afirmando que apenas o médico responsável por solicitar o exame tinha esse direito. Aquilo era tão absurdo que custei a entender o que se passava. Como um laboratório podia se recusar a entregar pedaços de uma próstata para seu próprio dono?

Fui obrigado a acionar o urologista com mãos de tocador de viola e ameaçar processá-lo para conseguir de volta os pedaços da minha próstata. Não sem antes ouvir do médico mais um desaforo.

— Você vai cair na besteira de gastar uma fortuna para fazer uma braquiterapia nos Estados Unidos enquanto a cirurgia é muito mais barata e segura? — ele disse, ao telefone.

Era essa a idéia que ele tinha da braquiterapia. E não parecia nem um pouco satisfeito com a possibilidade de perder um cliente. Às cinco da tarde, contrariado, enviou um ofício ao laboratório autorizando a entrega da biópsia.

Depois de todo esse sufoco, peguei o avião para Washington no sábado à noite. Na manhã de domingo, 16 de março de 2003, desembarquei na capital americana e entrei em outro avião, que voaria as últimas milhas até Pittsburgh. Acomodei a bagagem e me instalei na poltrona, satisfeito por saber que chegaria em duas horas. Fechei os olhos à espera da decolagem, tentando imaginar o rosto do dr. Kalnicki e o aspecto do Shadyside Hospital.

Despertei dos meus pensamentos quando me dei conta de que longos minutos haviam se passado e nada de o avião sair do lugar. Notei que havia dois ou três técnicos debruçados sobre a turbina esquerda da aeronave. Todos os passageiros a bordo, aquela turbina se recusara a girar, o que exigiu a convocação imediata da equipe de manutenção. Pelo adiantado da hora, parecia ser algo sério.

Quando, finalmente, conseguiram consertar a turbina esquerda e o avião deu a partida, um rastro de fumaça escapou da turbina direita. Foi a gota d'água. *Nesse avião eu não viajo*, decidi.

Soltei o cinto e me aproximei de uma das comissárias

– Por gentileza, você saberia me informar quanto tempo leva para se chegar a Pittsburgh de carro?

– Depende – ela disse. – A que região de Pittsburgh você vai? Perto de New Castle?

– Não. New Castle fica 70 quilômetros ao norte. Eu vou para a zona sul, perto de Bridgeville.

De repente, uma senhora meteu-se na conversa, falando em inglês:

– Bridgeville? Eu conheço uma empresa lá, filial de uma companhia do Brasil. – Curiosamente, ela havia percebido que eu era brasileiro e aproveitou a oportunidade para puxar assunto. – Eu conheço o diretor, Tadeu Carneiro.

Que coincidência! Uma senhora norte-americana, em Washington, na primeira classe de um avião enguiçado com destino a Pittsburgh, conhecia a Reference Metals, subsidiária da CBMM, e acabava de mencionar o nome do meu amigo Tadeu.

Executivo da Companhia desde os anos 1980, Tadeu Carneiro havia se mudado para Pittsburgh em 1992 e, em meados daquela década, assumira o importante desafio de qualificar, entre os potenciais clientes americanos, a nova aposta da CBMM: as masterligas (insumo utilizado na produção das superligas, empregadas em turbinas de avião e nas indústrias nuclear e petroquímica). Até então, o que fazíamos era vender óxido de nióbio para que outras empresas fabricassem as tais masterligas. O desafio de Tadeu seria encontrar mercado para as masterligas produzidas na própria CBMM sem perder os tradicionais clientes de óxido de nióbio. Os primeiros resultados foram colhidos em 1997; em 2001, as vendas de masterligas superaram as de óxido.

– *Are you talking about Reference Metals?* – perguntei.

– *Yes!*

Logo me dei conta de que aquela senhora era uma pesquisadora da Universidade de Pittsburgh que havia me procurado na semana anterior, solicitando uma reunião. E eu, sem cabeça para pensar em trabalho, dedicado exclusivamente à guerra contra o câncer, me recusara a atendê-la.

– *Oh, you must be mister...*

– *Camargo*. – Estendi-lhe a mão, já me sentindo um tanto desconfortável.

– *My name is Kathleen, Kathleen De Walt.*

Diretora do Centro de Estudos Brasileiros da Universidade de Pittsburgh, ela já havia visitado o Brasil e mostrava-se empenhada em me conhecer. Afobada e esperançosa, não conteve o entusiasmo e levantou a voz ao continuar a conversa:

– *Are you going to Pittsburgh?*

– Psiiiiu! – levei o dedo indicador aos lábios e, tentando não chamar atenção, apelei por sua discrição. – Estou indo a Pittsburgh numa missão secreta do governo brasileiro. Ninguém deve saber da minha presença.

Ela repetiu o gesto, colocando também o dedo nos lábios:

– *I see*, eu entendo...

Pela segunda vez, tive a oportunidade de compartilhar minha doença com alguém e, de novo, a falta de coragem me roubou a fala. Inconscientemente, eu ainda não havia admitido que estava, de fato, com câncer. Mesmo quando pude assimilar o significado de tudo aquilo, preferi agir como se nada estivesse acontecendo. Não divulguei no escritório e não disse nada a meus familiares. Separado da minha primeira mulher, com quem tive duas filhas (ambas com quarenta e poucos anos na época), escolhi poupá-las daquela notícia, pelo menos num primeiro momento.

Mia Olsen de Almeida, psicooncologista (psicóloga especializada no atendimento de doentes com câncer e seus familiares) que eu só viria a conhecer anos mais tarde, diz que preferir o silêncio é bastante comum, principalmente nas primeiras semanas. Segundo ela, a maioria dos pacientes precisa de tempo para se adaptar à nova condição. No início, achamos que o exame está errado, que o laboratório trocou os laudos, que o diagnóstico não é sério. Em seguida, acreditamos piamente que tudo não passa de um pesadelo. Basta esperar o toque do despertador e a doença desaparecerá por completo. Sendo assim, por que falar sobre o assunto? Conheço gente que nem menciona a palavra câncer por estar convencido de que proferi-la é uma maneira de evocá-la.

Mia também lista diversos motivos para que muitas pessoas escolham o sigilo. Um deles é o desagradável sentimento de comiseração que todos à nossa volta parecem desenvolver de uma hora para outra. Há um pesar permanente em seus olhos, um "sinto muito" eternamente escancarado, como se não houvesse esperança de salvação para nós. Certamente, eu não estava disposto a enfrentar tanto embaraço.

Outra mania para lá de desagradável é a invariável necessidade que os amigos têm de apresentar sempre uma dica preciosa, uma receita infalível, o mapa do tesouro capaz de guiar nossos passos em direção à cura. Todo mundo conhece um médico excepcional, que salvou a tia ou o avô e que deve ser consultado antes de qualquer decisão. Todo mundo conhece um chá, um grão, um sei-lá-o-quê da Índia ou da China com tais e tais propriedades milagrosas. Todo mundo tem o nome de um santo remédio. Haja paciência para agüentar tanta aporrinhação!

Há também desconforto em tornar pública uma doença quando se acredita que sua divulgação deixará a família fragilizada ou poderá acarretar desgastes na condução dos negócios. "Para algumas pessoas, manter a aura de saúde é importante para o bem-estar financeiro ou psicológico dos outros", escrevem a médica Jimmie C. Holland e a jornalista Sheldon Lewis no livro *The human side of cancer* (Harper Collins, 2000). Outras vezes, compartilhar sua doença pode ser a melhor opção, seja com o cônjuge, os amigos mais próximos, um terapeuta especializado, ou mesmo em pronunciamento público, como sugerem as mesmas autoras. "Muitos recordam o divisor de águas que desencadeou mudanças drásticas na forma como o câncer é socialmente encarado nos Estados Unidos quando Betty Ford, então primeira-dama, tornou públicos seu câncer de mama e seu tratamento. Happy Rockefeller, esposa do vice-presidente Nelson Rockefeller, fez o mesmo. De repente, dizer que você estava com câncer e revelar a extensão da doença tornou-se algo perfeitamente normal. Hoje, revelar o diagnóstico de forma aberta e honesta pode ser a melhor oportunidade para receber o suporte dos outros, embora essa decisão dependa sempre das circunstâncias e do estilo de cada um."

Até aquele momento, pelo menos, eu preferia ficar calado. E encerrei rapidamente a conversa com Kathleen, não sem antes descobrir que a viagem duraria quatro horas.

Desci do avião e aluguei um carro. Minha sorte, naquele momento, foi não ter despachado minha bagagem. Os funcionários do aeroporto levariam pelo menos meia hora para localizar minha mala, o que obrigaria não apenas a mim, mas a todos os passageiros, a aguardar, uma vez que, por medida de segurança, nenhuma aeronave está autorizada a decolar com objetos deixados por passageiros desistentes.

Depois de voar a noite toda e atravessar a manhã no aeroporto de Washington, vi-me na obrigação de passar a tarde ao volante. *Mais quatro horas*, eu pensava. *Só mais quatro horas.*

Era meio-dia quando tomei a estrada. Chegaria a Pittsburgh por volta das quatro da tarde e teria tempo de sobra para percorrer a cidade antes de seguir para o meu apartamento. Apesar de a consulta estar agendada para o dia seguinte, eu estava determinado a visitar o hospital ainda naquele domingo, antes de escurecer.

Empolgado com a qualidade do asfalto e confiante no meu senso de direção, subestimei a relevância das placas e, distraído após quase três horas de viagem, acabei tomando o caminho errado. Fui parar em Baltimore. Para corrigir a rota, tive de retornar um trecho grande. Prevista para durar quatro horas, a viagem demorou quase sete. Cheguei a Pittsburgh no lusco-fusco.

Apesar do cansaço, eu não abria mão de aprender o trajeto e passar em frente ao hospital. Eu não queria correr o risco de me perder e chegar atrasado à consulta no dia seguinte. Sou o tipo de pessoa que não tolera atraso, principalmente se o atrasado for eu. E certas manias não largam a gente nem em situações extremas. Eu conhecia bem a zona sul da cidade, mas o Shadyside Hospital ficava na zona norte, completamente estranha para mim. Cruzei o centro, percorri o *campus* da Universidade de Pittsburgh e, minutos depois, cheguei à Centre Avenue, uma avenida larga e extensa. O hospital ficava no número 5.230.

Quando avistei um letreiro com as palavras Shadyside Hospital, senti o nervosismo chacoalhar meus braços. Era uma construção decadente, em nada parecida com a pujança que eu esperava. *O que Drauzio tinha na cabeça ao me mandar para um lugar desses?*, pensei. Só fiquei mais tranqüilo ao checar a numeração do prédio e perceber que ainda não havia chegado sequer ao número 3.000.

Algumas quadras adiante, fui finalmente surpreendido por um enorme complexo hospitalar. Grandes torres ligadas umas às outras por passarelas suspensas emprestavam-lhe um aspecto imponente e contemporâneo. A paisagem condizia com a tradição médica de Pittsburgh. Segunda cidade mais populosa da Pensilvânia, perdendo apenas para Filadélfia, Pittsburgh havia sido o maior pólo siderúrgico do mundo, o que lhe rendera a alcunha de "cidade do aço" na primeira metade do século XX. Agora, concentrava indústrias de alta tecnologia e robótica, a ponto de o *Wall Street Journal* a ter apelidado de *Roboburgh*. Pittsburgh também era conhecida como uma das mais importantes cidades universitárias dos Estados Unidos. Com treze instituições de ensino superior, recebia legiões de estudantes de todos os cantos da América, atraídos pela excelência nas áreas de engenharia, computação e medicina, em grande parte capitaneada por duas universidades: a Carnegie Mellon e a Universidade de Pittsburgh.

Particularmente, a Universidade de Pittsburgh construíra sua reputação em medicina ao lançar, de forma pioneira, algumas das mais importantes pesquisas em transplantes de órgãos, Aids e câncer. E administrava alguns dos melhores hospitais do mundo, entre eles o Shadyside Hospital, que eu podia, finalmente, admirar da janela do carro.

A arquitetura leve e contemporânea daqueles prédios, aliada à sua fama, fez-me sentir em boas mãos. Drauzio não havia cometido nenhum deslize. Só faltava conhecer a equipe médica.

No dia seguinte, levantei cedo e segui para a consulta. Shalom Kalnicki me pareceu um médico muito simpático. Nascido em Israel, ele havia se mudado para São Paulo, onde cursou medicina na USP e trabalhou nos hospitais Oswaldo Cruz e Albert Einstein, antes de se mudar para Pittsburgh. Lá, em 2003, era diretor do departamento de radioterapia do Instituto de Câncer da Universidade de Pittsburgh. Hoje mora em Nova York, onde é professor catedrático do Albert Einstein College of Medicine e do Hospital Montefiore.

Kalnicki me conduziu a um anfiteatro e me deu uma aula de 60 minutos sobre a próstata. Traçou um panorama completo das mais modernas técnicas de combate ao câncer, apresentou suas considerações sobre o meu caso, realizou um exame de toque e explicou que eu precisaria conversar com um radiologista e com um urologista para verificar se era elegível à braquiterapia, tratamento que ele considerava o mais indicado.

– A vantagem da braquiterapia é que você entra de manhã, faz um único procedimento e sai à tarde – ele disse. – É um tipo de radioterapia de alta precisão, feito com a inserção de pequenas cápsulas radioativas no interior da próstata. Em vez de você vir diariamente ao hospital durante sete semanas, basta uma única aplicação e você pode voltar para casa. Em três ou quatro meses, a radioatividade cessa e você estará curado.

O próximo profissional consultado foi George Henning, jovem radiologista que, com o físico Jingdon Li, seria responsável por definir a localização da próstata e seu volume. Na radioterapia externa e na braquiterapia, alguns cálculos são necessários para estabelecer o posicionamento correto da fonte de radiação. Ele repetiu o exame do toque e resumiu, didaticamente, como é feita a braquiterapia. Contou-me que eu seria anestesiado e que mais de noventa sementes radioativas seriam introduzidas na minha próstata, uma por uma. Monitorado por imagens tridimensionais geradas por um tubo de ultra-som inserido em meu ânus, George Henning coordenaria a distribuição das cápsulas como um jogador de batalha-naval: B5. Pá! – uma semente disparada. F8. Bum! – outra semente disparada.

Naquela entrevista, um detalhe mencionado por ele me intrigou:

— É importante você saber que um dos efeitos colaterais da braquiterapia é que ela altera o *ball system*.

Ball system? O que significaria aquilo? *O procedimento vai alterar a posição dos meus testículos?*

Fui almoçar com aquilo na cabeça. Enquanto comia, não consegui deixar de imaginar o que a braquiterapia faria com as minhas bolas. Será que um testículo ficaria maior do que o outro? Ou mais alto? O que haveria por trás daquele alerta?

Intrigado, não consegui conter a curiosidade e fiz sinal para um jovem que trabalhava no restaurante do hospital:

— Por gentileza, eu acabei de sair de um exame e fiquei com uma dúvida.

— Se eu puder ajudar...

— Terei de fazer um procedimento em breve e o dr. George Henning me alertou sobre a possibilidade de eu ter o meu *ball system* alterado. O que é isso?

O rapaz enrubesceu. Olhou para as mesas vizinhas como se quisesse se certificar de que ninguém havia prestado atenção à conversa. Então, inclinou-se um pouco mais, buscando discrição, e tentou me explicar, em sussurros:

— *Bowel system, mister! It's the same of number two!*

Fiquei na mesma. Número dois? Eu jamais havia escutado essa expressão. Sim, eu tinha dois testículos. Será que um deles era o número um e o outro, o número dois? Os testículos eram numerados?

Custei a entender que não era nada daquilo. Apenas quando o jovem deixou de lado o pudor e conseguiu proferir expressões menos cifradas, como *"bathroom"* e *"sit on the toilet"*, eu entendi que *"bowel system"* – e não *"ball system"*, como eu registrara – se referia ao regime intestinal. Trocando em miúdos, alguns pacientes, após a braquiterapia, passavam a fazer cocô duas ou três vezes por dia. Meu intestino, por exemplo, sempre recatado, passaria a funcionar como um relógio.

Bowel system: mais um aprendizado que a longa jornada contra o câncer me proporcionava.

Agora eu já sabia exatamente o que era a próstata, havia entendido a importância do exame do toque e da contagem do PSA, descobrira que minha doença era formada por "células cubóides ou cilíndricas, dispostas em arranjo tubuloacinar" e, finalmente, que submeter a minha glândula a um jogo de batalha-naval poderia me tornar um freqüentador assíduo do vaso sanitário.

À tarde, fui visitar o urologista Ronald Benoit, diretor do setor de braquiterapia prostática do Departamento de Urologia da Escola de Medicina da Universidade de Pittsburgh. Mais um toque retal – o terceiro em um único dia, o que deve configurar algum tipo de recorde – e outra aula sobre a próstata.

– Seus exames sugerem que você é de fato elegível à braquiterapia – ele considerou. – Só temos um último obstáculo antes de nos decidirmos por ela. Teremos de mandar analisar aqui nos Estados Unidos a biópsia que veio do Brasil, o que pode demorar alguns dias. Se for mesmo constatado câncer com grau 6 de Gleason, agendaremos o procedimento.

Depois de tanto sufoco para resgatar aquelas malditas lâminas com o material recolhido na biópsia, eu ficaria terrivelmente frustrado se elas não fossem requisitadas em momento algum.

– Em quantos dias a análise ficará pronta? – perguntei.

– Em uma semana, no máximo – respondeu o dr. Benoit.

– Não posso ficar aqui por tanto tempo. Terei de voltar ao Brasil.

Em campanha contra o terrorismo, o presidente dos Estados Unidos, George W. Bush, ameaçava invadir o Iraque no dia 20 de março se o ditador Saddam Hussein não se rendesse até então. Faltavam apenas três dias. Aquela seria a primeira guerra com hora marcada da história e eu preferia acompanhá-la pela televisão.

– Não tem problema. Deixe o material conosco e nós avisaremos assim que a análise estiver pronta.

Voltei ao Brasil no dia seguinte, com a certeza de que nada mais poderia ser feito a não ser esperar: o telefonema, a braquiterapia, a cura.

Meu câncer também esperaria?

Capítulo 6
Formas de tratamento

Você engoliu uma granada.

Qualquer deslize ou movimento brusco podem causar sérios estragos.

É preciso desativar a granada, afastá-la para longe antes que ela estoure.

Para a maioria dos pacientes, é esse o significado do câncer: uma granada prestes a explodir. Quanto antes ela for removida, melhor.

Por esse motivo, o período que vai da confirmação do diagnóstico até o início do tratamento costuma ser o mais angustiante. "Na cabeça do paciente, cada minuto desperdiçado pode significar o aumento do tumor, um passo a mais em direção à metástase e, quem sabe, à morte, o que costuma gerar enorme ansiedade", diz a psicooncologista paulista Mia Olsen de Almeida. Sob esse aspecto, o câncer poderia ser comparado não a uma granada, mas a um ninho repleto de ovos de dragão. Mais cedo ou mais tarde, os ovos eclodirão e um exército de pequenos dragões estará apto a iniciar sua marcha.

Cabe ao paciente, em parceria com os médicos, montar a estratégia de defesa.

Como desativar a granada?

Como eliminar os dragões que já nasceram e impedir que outros venham a nascer?

A escolha do método terapêutico nunca é simples. Trata-se de um cálculo delicado, com muitos fatores envolvidos. "Não existe receita. Cada caso é analisado individualmente e vários fatores entram na equação", diz o urologista Marco Arap, do Hospital Sírio-Libanês, de São Paulo, apontando a gama de sutilezas que envolvem o câncer e os procedimentos de cura.

Quando a doença ainda não se espalhou pelo organismo, as técnicas de tratamento são bastante encorajadoras, embora nenhuma seja infalível. Por suas características, algumas são mais indicadas do que outras para determinado indivíduo.

Hoje, existem consensos, propostos pelas grandes universidades de medicina, discutidos amplamente nos congressos de urooncologia e referendados pelos mais respeitados especialistas do mundo. Com base nesses documentos, são publicados manuais de conduta capazes de municiar os médicos com as informações necessárias para a adoção da melhor terapêutica. O que esses consensos fazem, no entanto, é apresentar duas ou três formas de tratamento possíveis para cada perfil de paciente, todas elas promissoras.

A escolha do procedimento deve levar em conta não apenas a agressividade e o estadiamento clínico da doença, mas também a existência de cirurgias anteriores na região pélvica, a expectativa de vida do paciente, sua idade, a probabilidade de ele responder bem à anestesia, o risco de complicações cardíacas graves e a qualidade de vida esperada para depois do procedimento, entre muitos outros aspectos.

A decisão final cabe sempre ao doente e, na totalidade dos casos, é acompanhada de angústia e preocupação. "Imagina como fica a cabeça desse indivíduo", comenta o oncologista Drauzio Varella. "Os pacientes caem de pára-quedas num assunto que desconhecem e têm de resolver o que fazer em um prazo bastante curto, uma vez que eles lutam contra o relógio e sabem que a doença não pára de avançar. E mais: numa condição em que a própria vida está em jogo."

Varella compara essa angústia à que ele sentiria se tivesse de decidir qual a melhor tecnologia de sustentação para uma ponte a ser construída sobre o Rio Pinheiros, em São Paulo. "Vem um engenheiro e me explica que determinado sistema é melhor. Outro me diz que não é daquele jeito e que eu tenho de fazer de tal maneira. Um terceiro sugere outro método. Como eu posso julgar se a minha experiência é nula nesse assunto?"

Engenharia à parte, a mesma peregrinação costuma acontecer em caso de câncer de próstata. "O urologista recomenda cirurgia, o radioterapeuta sugere radioterapia e um terceiro médico diz que o câncer é indolente e que, por enquanto, a melhor coisa é não fazer nada, apenas acompanhar a evolução da doença", descreve Varella.

Uma avaliação psicológica e o devido acompanhamento especializado podem contribuir de forma efetiva para o processo decisório. A psicooncologia é, hoje, a disciplina que estuda o comportamento dos pacientes com câncer e oferece subsídios para que a longa jornada de luta contra a doença seja cada vez menos dolorosa.

Quando muitos doentes ainda se sentem obrigados a poupar a família e os amigos das más notícias e, muitas vezes, não conseguem expor suas fraquezas e seus anseios sequer ao próprio médico, com medo de serem mal interpretados, a proximidade de um psicooncologista pode contribuir para que o principal interessado no assunto, o próprio doente, descubra o que lhe é mais importante antes de optar pelo tratamento. Essa escolha deve ser feita de forma clara e serena, e nunca às pressas, no auge da ansiedade.

Conhecer o estado psíquico e neurológico do doente, perscrutar se existem tendências depressivas ou dependência química, entre outros transtornos, também são tarefas obrigatórias nessa fase, uma vez que trazem implicações substanciais ao sucesso da jornada.

De maneira geral, quando o tumor é muito pequeno, restrito à próstata, pouco agressivo e de evolução lenta, a opção costuma ser pelo não-tratamento. Faz-se o acompanhamento sistemático e adia-se uma intervenção mais séria para quando o câncer implicar risco real à saúde do paciente.

Quando o tumor, mesmo localizado, apresenta maior agressividade ou franca evolução, indica-se a retirada da glândula – cirurgia conhecida como prostatectomia radical – ou as diferentes formas de radioterapia, com destaque para a braquiterapia, técnica que consiste na inserção de cápsulas radioativas no órgão.

Quando o tumor dá sinais de já ter ultrapassado os envoltórios da próstata, a radioterapia externa, muitas vezes aliada à hormonoterapia, torna-se a principal opção, uma vez que a região periférica da glândula também precisa ser tratada, o que não acontece nem com a braquiterapia nem com a prostatectomia.

Finalmente, quando há metástases – estágio mais avançado da doença, em que células cancerígenas migram para outras partes do corpo –, alguns sintomas são combatidos, e a morte, adiada, com o emprego de diferentes técnicas, entre elas a remoção dos testículos, a administração de hormônios que anulam o efeito da testosterona e o uso de medicamentos capazes de atrasar o desenvolvimento do câncer.

A opção pelo não-tratamento

Ao longo da década de 1990, diversos estudos realizados nos Estados Unidos e na Escandinávia, onde a incidência de câncer de próstata é ainda maior, verificaram que a maioria dos pacientes com doença localizada vive pelo menos mais dez anos, apesar do tumor. Em muitos casos, os pacientes permanecem vivos por mais de quinze anos, mesmo quando optam por não fazer nenhum tratamento, uma sobrevida bastante semelhante à verificada entre os pacientes submetidos à radioterapia ou à prostatectomia radical.

Dessa forma, alguns médicos propuseram o método conhecido como vigilância ativa – da expressão inglesa *active surveillance* –, cada vez mais utilizado nos Estados Unidos e na Europa. "A vigilância ativa consiste em apenas observar, atenta e rotineiramente, os pacientes que apresentam um tipo de câncer considerado indolente", explica o urologista Marco Arap. "O tratamento é realizado apenas quando o tumor mostra-se em crescimento."

Segundo o oncologista Shalom Kalnicki, do hospital Montefiore, de Nova York, pelo menos 10% dos americanos optam por esse procedimento. "Nesses casos, são feitos exames a cada quatro ou seis meses até se perceber aumento brusco no PSA ou alguma alteração significativa no toque retal", ensina.

A popularização da vigilância ativa é resultado da constatação de que, em mais da metade dos casos, o câncer de próstata é tão pouco agressivo que o paciente atinge idade superior a 90 anos sem que a neoplasia maligna origine metástases ou cause qualquer sintoma. "Na prática, apenas metade dos doentes tem um câncer clinicamente significativo, desses que vão crescer, entupir a uretra e se espalhar pelo corpo", estima Miguel Srougi. "Em geral, a doença é vagabunda e nunca colocaria a vida da pessoa em risco, o que justifica a alta incidência de diagnósticos póstumos."

O risco do método conhecido como vigilância ativa é subestimar a agressividade da doença. Já o desafio do médico é saber até quando esperar. "E aí entra a arte da medicina, o bom senso, a experiência, o julgamento criterioso", considera Srougi. "Se você for um médico mais tosco, basta aparecerem células cancerosas na biópsia para você propor um tratamento." Nem todo mundo aceita tocar a vida sabendo que existe dentro de si um ninho de ovos de dragão. Há homens que só conseguem pegar no sono ao ver sua próstata na lata do lixo ou quando sabem que seu órgão foi intensamente bombardeado por sementes radioativas.

Mas há quem prefira manter a fera enjaulada a chamá-la para a briga. É o caso dos pacientes mais velhos ou que têm cardiopatias graves, para os quais qualquer intervenção torna-se mais arriscada do que a política de boa vizinhança. "Para um doente com 75 anos que já teve infarto ou derrame, a melhor coisa é deixar o câncer lá", recomenda Srougi. Isso não será possível se a doença for muito agressiva. "Mas, se ela estiver bem localizada e sua evolução for lenta, provavelmente esse indivíduo terá pelo menos mais dez anos pela frente, o que pode não acontecer se ele optar pela cirurgia ou pela radioterapia", compara.

A prostatectomia radical

Quando o câncer está restrito à glândula, vale a pena abrir mão da próstata para poupar a vida.

A cirurgia radical implica a remoção total da próstata. Junto a ela, são retiradas as vesículas seminais, os gânglios linfáticos localizados na região do ilíaco e uma pequena parte da bexiga que tangencia o órgão.

Esse método foi proposto há cem anos, quando não havia alternativa para abordar a doença, e ainda hoje é o procedimento mais realizado no mundo. No Brasil, a cirurgia é considerada padrão-ouro de tratamento quando o diagnóstico indica estadiamento clínico inferior a T3, escore de Gleason menor do que 7 e PSA abaixo de 20.

Encontra-se largamente difundida em razão da alta probabilidade de cura e do prognóstico de sobrevida superior a dez anos na ampla maioria dos casos.

É também a opção de tratamento mais democrática, uma vez que ela não depende de equipamentos de alta especialização. "O que você precisa é de um cirurgião habilitado, com um bisturi, uma tesoura e uma equipe treinada", lista o urologista Marco Arap. Diferentemente da radioterapia, compara o médico, a cirurgia pode ser feita em qualquer hospital e, por isso, está bastante difundida.

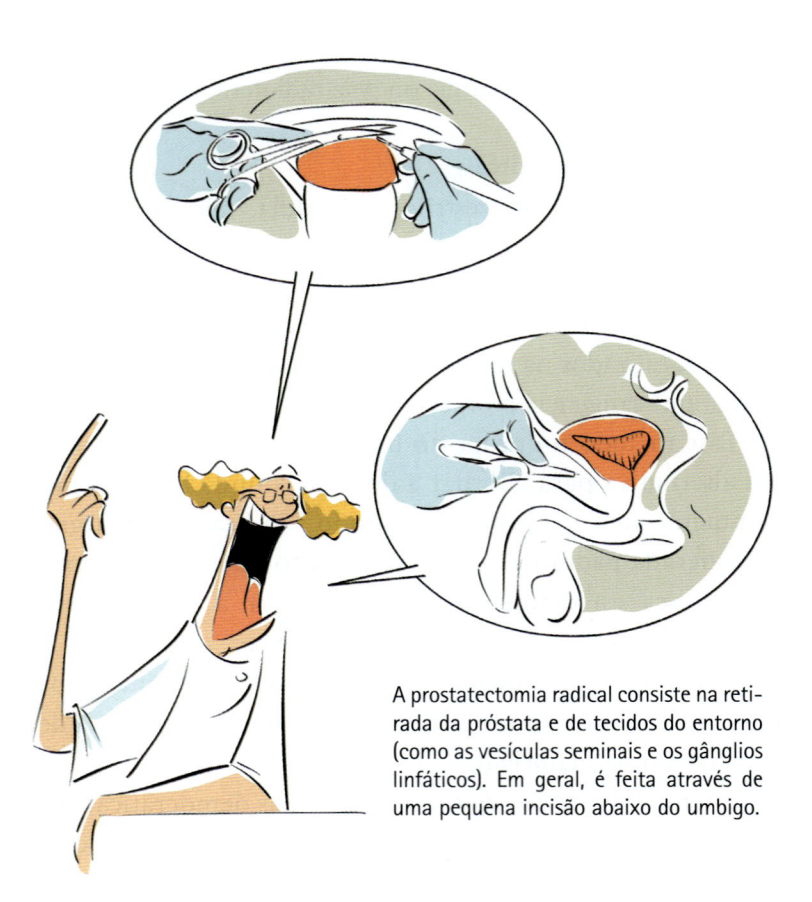

É CÂNCER!

A prostatectomia radical consiste na retirada da próstata e de tecidos do entorno (como as vesículas seminais e os gânglios linfáticos). Em geral, é feita através de uma pequena incisão abaixo do umbigo.

Os resultados são animadores em todas as regiões, o que, segundo Arap, nem sempre acontece com outros procedimentos. "As estatísticas que indicam equivalência entre prostatectomia e radioterapia como procedimento curativo são, em geral, americanas, e se aplicam a centros muito bem equipados. Essa não é a realidade em todo o Brasil, onde apenas os hospitais de ponta dispõem de alta tecnologia. Radioterapia feita com aparelhos defasados não alcança resultados tão bons", alerta.

Há, basicamente, três tipos de cirurgia. A mais comum é a cirurgia retropúbica, ou aberta, executada através de uma incisão feita pouco abaixo do umbigo. Outra forma é a cirurgia laparoscópica, realizada por meio de quatro ou cinco pequenas incisões na parte inferior do abdome, pelas quais são introduzidos os instrumentos necessários, entre eles o próprio laparoscópio, gerador das imagens que guiarão o cirurgião. Há ainda a cirurgia perineal, em que é feito um corte na região do períneo, entre o ânus e a bolsa escrotal. "Todas elas são aplicadas com grande segurança quando a equipe está familiarizada com o procedimento", afirma Miguel Srougi, adepto da prostatectomia retropúbica.

Recentemente, uma quarta modalidade de cirurgia, criada nos Estados Unidos, foi inaugurada no Brasil: a prostatectomia robótica. Trata-se, na verdade, de uma cirurgia retropúbica na qual os instrumentos são exclusivamente manipulados por um robô. O cirurgião fica responsável por controlá-lo. "O robô cirúrgico tem movimentos suaves e lesa poucos tecidos, de modo que o procedimento é menos agressivo do que a cirurgia realizada por profissionais sem prática", diz Srougi. "Ele ganha de um médico que não esteja acostumado a realizar a prostatectomia radical, mas perde para um cirurgião experiente."

Ao optar pela cirurgia, o paciente deve suspender, dias antes do procedimento, o consumo de aspirina e outros medicamentos que possam interferir na coagulação. Deve ser colhida, também, uma amostra de sangue que pode ser utilizada durante a cirurgia caso haja perdas sangüíneas significativas, o que tem sido cada vez menos freqüente.

Na véspera, ministra-se ao paciente um laxante, para que seja feita uma lavagem do intestino, eliminando resquícios de fezes no reto, que poderiam causar infecção.

Internado na manhã do procedimento, o paciente é submetido a anestesia geral e, após a cirurgia, permanece no hospital por um período de três a sete dias. Já no segundo dia, ele é capaz de andar e comer. Uma sonda ligada à uretra será retirada quando se verificar o pleno controle da micção. "De acordo com dados do Johns Hopkins Hospital, de Baltimore, aproximadamente 88%, 68% e 49% dos pacientes com câncer em estágios T1, T2 e T3, respectivamente, encontram-se curados da doença dez anos após a intervenção", escreve Miguel Srougi no livro *Próstata: isso é com você* (Publifolha, 2003).

O principal benefício desse tratamento é descartar a possibilidade de recidiva da doença localizada, uma vez que a próstata deixa de existir. O retorno do câncer apenas será possível se, no ato da cirurgia, já houver metástases, mesmo que elas não tenham sido denunciadas por nenhum exame.

Procedimento mais agressivo dentre as diferentes opções disponíveis, a prostatectomia radical implica riscos de hemorragia, embolia pulmonar, infecção pós-operatória e não-tolerância à anestesia, como ocorre em qualquer procedimento cirúrgico, marcadamente entre homens idosos, com a saúde debilitada. Sua vantagem, nesse caso, é ser uma cirurgia simples e rápida, realizada em zona segura, longe do coração, da medula e de outros órgãos mais delicados. Complicações dessa natureza são raras quando o procedimento é realizado por profissional experiente.

São dois os fantasmas que rondam o paciente elegível à cirurgia: a impotência sexual e a incontinência urinária. Embora essas duas complicações não ocorram apenas em indivíduos submetidos à cirurgia, sua freqüência é mais alta entre os prostatectomizados do que entre os homens que optam pela radioterapia.

Tanto a impotência sexual quanto a incontinência são inversamente proporcionais à experiência da equipe médica. "Incontinência urinária, por exemplo, ocorre em até 40% dos pacientes operados em centros não especializados, mas sua incidência cai para menos de 5% nos procedimentos feitos por equipes experientes", compara Srougi.

O risco de a cirurgia provocar impotência sexual eleva-se ainda em razão da idade. A perda da ereção, ocasional ou definitiva, é verificada em metade dos pacientes com menos de 65 anos e em mais de 80% dos homens operados após essa idade.

Em um homem potente, os estímulos responsáveis pela ereção são transmitidos ao pênis por nervos microscópicos que tangenciam a próstata. Na cirurgia, a impotência surge quando esses nervos são lesionados ou quando sua remoção se torna necessária em razão da proximidade do tumor (ou quando o câncer já aderiu a eles).

Impotência sexual após a cirurgia

Porcentagem de homens que perdem a capacidade de ereção após a realização da prostatectomia radical conforme a faixa etária

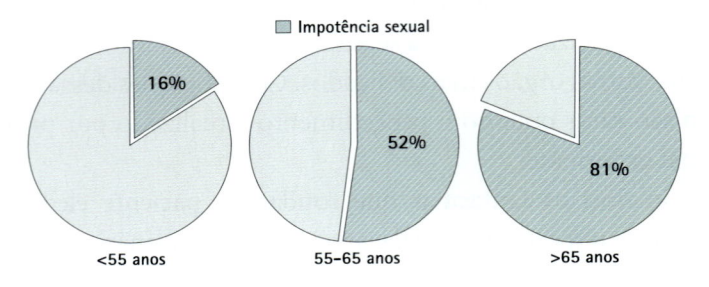

☐ Impotência sexual

- <55 anos: 16%
- 55-65 anos: 52%
- >65 anos: 81%

Fonte: *Próstata: isso é com você*, de Miguel Srougi, Publifolha, 2003.

Apesar da intensa divulgação de novidades que prometem reduzir o risco de incontinência e impotência sexual nas cirurgias – e também de novas técnicas radioterápicas que se dizem livres desses riscos –, a verdade é que, concretamente, os avanços nessa área têm sido pouco relevantes. "As duas complicações ainda ocorrem com a mesma freqüência de dez anos atrás", admite Miguel Srougi.

A boa notícia é que, cada vez mais, há procedimentos capazes de reverter essas seqüelas de maneira eficaz e duradoura. Os casos de incontinência costumam ser combatidos com medicamentos e com fisioterapia para fortalecimento do esfíncter uretral e dos músculos da bacia. "Quando essas técnicas não surtem efeito, recorre-se à cirurgia para colocação de um esfíncter artificial, que resolve o problema em 90% dos casos", diz Marco Arap.

A impotência, por sua vez, costuma ser circunstancial e superada com a administração de pílulas vasodilatadoras (Viagra, Cialis, Levitra e similares à base de substâncias como o sildenafil, entre outros). "Se ainda assim o paciente não consegue ereção, pode-se realizar uma auto-injeção intracavernosa de prostaglandina, que, na maioria das vezes, vence a impotência, ou pode-se providenciar uma prótese, que garante uma vida sexual muito próxima do normal", promete o urologista.

A idéia de ter uma prótese dentro do pênis faz tremer a maioria dos homens. No entanto, hoje há próteses infláveis bastante confortáveis, que ficam enrijecidas apenas quando se pressiona um dispositivo instalado dentro do escroto. Segundo Drauzio Varella, elas têm deixado os pacientes muito satisfeitos. "Aperta-se um botão e o pênis fica ereto", ele conta. "Causa até surpresa, uma vez que a ereção se torna voluntária, o que não acontece nos homens normais. Um paciente me disse que, se soubesse que isso era possível, teria posto a prótese aos 25 anos", acrescenta Varella, aos risos.

Àqueles que se apavoram com as estatísticas de impotência, é preciso lembrar que a radioterapia externa – e mesmo a braquiterapia – pode causar semelhante seqüela. No primeiro caso, o distúrbio se deve a lesões provocadas pela incidência do feixe radioativo sobre os nervos da ereção. No segundo caso, mais raro, é possível que a atrofia e o enrijecimento característicos da glândula submetida à braquiterapia tornem os nervos do entorno tão repuxados que eles acabam se rompendo.

Também vale notar que nem sempre a potência é uma preocupação para os pacientes. "Muitos homens que desenvolvem câncer de próstata já são impotentes ou não têm mais vida sexual por serem viúvos, estarem casados com a mesma senhora há décadas e assim por diante", diz Drauzio Varella. Marco Arap concorda: "O objetivo central do tratamento é vencer o câncer. Se for necessário sacrificar a potência em nome da vida do paciente, vou encorajá-lo a sacrificar a potência, embora a decisão seja sempre dele."

A radioterapia externa

Uma brincadeira comum entre pré-adolescentes – normalmente usada para impressionar as crianças mais novas – consiste em posicionar uma lupa sobre uma folha seca com a distância e a inclinação necessárias para que, passados um ou dois minutos, os raios de sol projetados queimem a planta.

A lógica que rege a radioterapia é a mesma. Com duas diferenças: a radiação atravessa nosso corpo sem causar dor ou calor e, em vez de queimar as células cancerosas, causa desarranjos em seu DNA, provocando sua morte e, por extensão, contendo o avanço da doença.

A radioterapia externa, também chamada de teleterapia – "terapia a distância" –, é o tratamento realizado por meio da incidência de radiação sobre o tumor com o objetivo de eliminar as células doentes, preservando-se o máximo possível do tecido saudável que o cerca. Essa radiação é ministrada em doses diárias por meio de um aparelho chamado acelerador linear. Cada sessão dura em média quinze minutos e deve ser realizada de segunda a sexta-feira, ao longo de sete semanas. As doses de radiação (medida em *grays*) e o tempo de aplicação são calculados conforme o tipo e o tamanho do tumor.

A radioterapia é recomendada para pacientes com câncer localizado e estadiamento clínico, PSA e escore de Gleason indicativos de um grau de agressividade brando ou intermediário. Tem sido a principal opção dos homens mais velhos, para os quais a cirurgia implica risco ou quando uma sobrevida superior a quinze anos já se tornou pouco relevante. "O Johns Hopkins, consagrado hospital de Baltimore, deixou de fazer prostatectomia em pacientes com mais de 62 anos. Para eles, as opções são a teleterapia e a braquiterapia", conta Shalom Kalnicki.

Levantamento realizado em meados da década de 1990 pela Associação Americana de Urologia mostrou que entre 66% e 86% dos pacientes submetidos à radioterapia estavam vivos dez anos após o tratamento – resultado bastante satisfatório, embora menos animador do que as estatísticas encontradas pela mesma instituição para a sobrevida dos prostatectomizados: entre 89% e 93% estavam vivos após uma década.

Essa comparação não considera a idade dos doentes, o estadiamento do câncer, nem o fato de muitos pacientes terem descartado a opção cirúrgica justamente por já estarem com a saúde debilitada na época do diagnóstico. Além disso, é importante notar que, desde a realização do estudo, houve avanços importantes na área, com o surgimento de novas tecnologias e o aprimoramento das equipes.

O sucesso da radioterapia depende não apenas da perícia do radioterapeuta e de sua equipe – responsáveis por direcionar o feixe radioativo, estabelecer a dose de radiação ideal em cada etapa do tratamento e garantir que o paciente deite-se todos os dias sob o acelerador linear na mesma posição, o que é imprescindível para que sua próstata esteja sempre no alvo –, mas também da tecnologia empregada. Para o bem ou para o mal, o equipamento utilizado pode definir o resultado da partida.

A sorte dos doentes de hoje reside no fato de os avanços tecnológicos serem aliados generosos no desenvolvimento de sistemas cada vez mais precisos.

Até a década de 1950, o elemento radioativo utilizado era o rádio, que costumava provocar lesões na pele e nos tecidos expostos à radiação no caminho até a próstata. Na metade do século XX, houve a substituição do rádio pelo cobalto, o que possibilitou o tratamento de lesões profundas sem lacerar a pele.

Nos anos 1970, as fontes de cobalto foram aposentadas para dar lugar aos aceleradores de partículas. Os novos equipamentos permitiram que a radiação penetrasse mais profundamente no corpo e fosse ministrada em doses mais altas. Além disso, livrou os centros especializados da obrigação de repor a fonte radioativa regularmente.

Mais uma década se passou até que, no final dos anos 1980, surgiu nos Estados Unidos a radioterapia conformada tridimensional, ou radioterapia 3-D, trazida ao Brasil na década seguinte. De forma resumida, ela garante um melhor posicionamento do feixe do acelerador linear em razão da análise, feita por um computador altamente sofisticado, de imagens da região abdominal captadas por meio de uma tomografia computadorizada.

Dessa forma, o foco da radiação pode ser mais bem concentrado no tumor, modulando-se a dosagem adequada e restringindo-se o raio de ação do tratamento, o que potencializa a cura ao mesmo tempo em que minimiza a incidência de complicações. "O segredo da teleterapia é a precisão", explica Paulo Eduardo Novaes, diretor da Sociedade Brasileira de Radioterapia. "O acelerador fica a uma distância que vai de um metro a um metro e meio do paciente. A partir de imagens geradas pela tomografia, os físicos reconstroem em três dimensões a anatomia do paciente e programam o tratamento de modo que a radiação incida exatamente onde se quer."

Sabe-se que, na próstata, as células normais são mais resistentes à radiação do que as cancerosas, o que justifica o emprego da radioterapia como método curativo. Em tese, no entanto, qualquer célula atingida pode morrer. É o que acontece quando há exagero na dose de radiação e também quando tecidos localizados ao redor da glândula, como as células da bexiga e do reto, são submetidos às mesmas doses necessárias para vencer o câncer na glândula.

Por esse motivo, irritações e queimaduras nas paredes da bexiga, do reto e do intestino surgem como seqüelas habituais da teleterapia, podendo provocar diarréias e, mais freqüentemente, sangramentos nas fezes ou na urina.

Outro risco, como já comentamos, é o de impotência. Pesquisas apontam que aproximadamente 50% dos homens submetidos à radioterapia ficaram impotentes meses depois do tratamento, o que pode ter sido causado pela radioterapia, seja pela incidência de radiação nos nervos da ereção ou pelo comprometimento decorrente da atrofia da glândula.

Essas complicações tornam-se mais raras com o uso de equipamentos de última geração. Causadora de menos seqüelas, a teleterapia conformada tem banido do mapa os aceleradores lineares mais antigos. "O uso da radioterapia tridimensional é importante, pois há uma melhora na localização do feixe de radiação, assim como uma diminuição dos efeitos colaterais", assinala Luiz Alberto Fagundes, radioterapeuta-chefe do Departamento de Radioterapia do Missouri Baptist Medical Center, de St. Louis (EUA), no livro *Câncer de próstata: novos caminhos para a cura* (AGE/Fundação de Radioterapia do Rio Grande do Sul, 2002).

É CÂNCER!

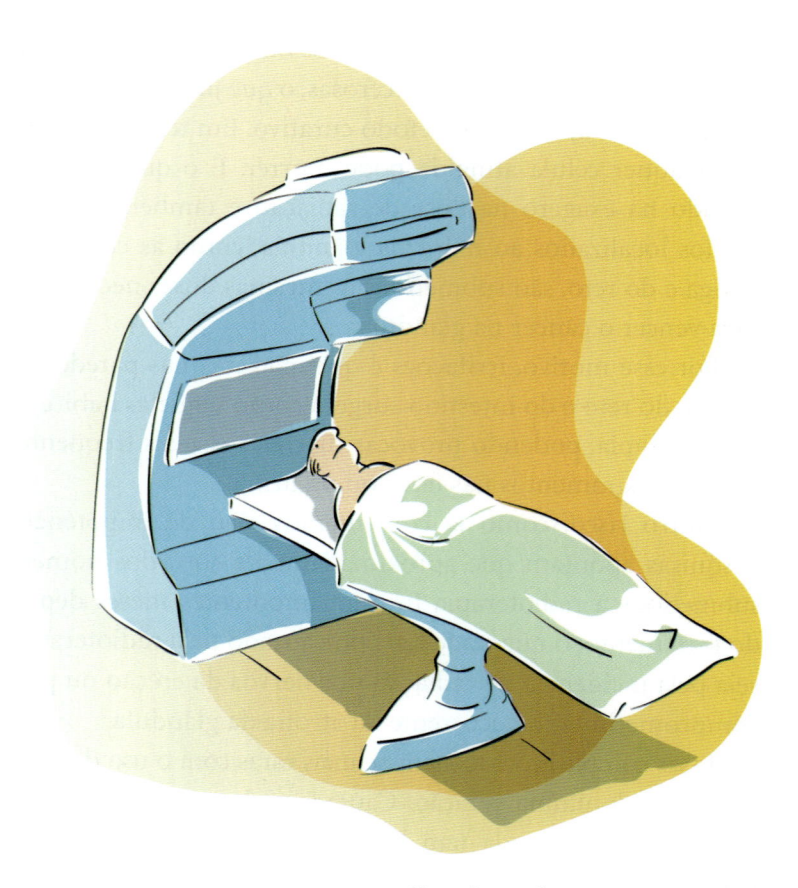

Na radioterapia externa, o paciente é submetido a sessões diárias ao longo de, em média, sete semanas. Deve ser colocado sempre na mesma posição para que a radiação proveniente do acelerador linear incida exatamente sobre a região do tumor.

Os avanços em teleterapia não cessaram com o desenvolvimento e a popularização da radioterapia tridimensional. Hoje, a menina dos olhos dos profissionais da área é conhecida como radioterapia de intensidade modulada, ou IMRT, do inglês *intensity modulated radiation therapy*. À radioterapia tridimensional, o novo método adicionou a quarta dimensão: o tempo. Sua novidade é permitir um planejamento por imagem no qual cada pequena porção do órgão irradiado recebe uma dose diferente de radiação e fica exposta ao feixe por um intervalo específico.

Criada nos Estados Unidos em 1999, a IMRT ainda não permite a elaboração de estatísticas de eficácia nem índices de sobrevida após dez anos. No entanto, as projeções são as melhores possíveis. Estudos recentes sugerem, inclusive, sua aplicabilidade em doentes com tumores de alto risco, uma vez que a maior precisão no posicionamento do feixe radioativo possibilita o emprego de doses mais altas de radiação. "Em geral, aplica-se a radiação em doses de 76 *grays*, em média, enquanto pacientes com tumores de risco alto ou intermediário exigem doses maiores, de 90 a 120 *grays*", compara Shalom Kalnicki. "Ministrada por um equipamento ultrapassado, essa carga colocaria em risco os órgãos vizinhos, não tolerantes a uma radiação tão forte. Faltava justamente uma tecnologia capaz de assegurar o local exato da incidência dos raios e o tempo de exposição, o que se consegue, hoje, com a IMRT."

Recentemente, a IMRT ganhou um importante aliado, o *on board imager*, tecnologia que, acoplada ao acelerador linear, permite a realização de uma pequena tomografia do paciente a fim de verificar, a cada sessão, a correta posição da próstata. É a chamada radioterapia guiada por imagens, ou IGRT, do inglês *image guided radiation therapy*. Tanto a IGRT quanto a IMRT e a radioterapia tridimensional mostram-se mais eficientes do que o tratamento realizado vinte anos atrás, quando a recidiva da doença era mais freqüente em razão da insuficiência da dose aplicada e da permanência do câncer em regiões cancerosas não atingidas pela radiação.

Finalmente, uma ou outra sessão de radioterapia externa pode ser receitada, às vezes, como tratamento auxiliar dos pacientes submetidos à cirurgia radical ou à braquiterapia. Esse procedimento previne a manutenção de focos de câncer em tecidos localizados ao redor da próstata, que poderiam se desenvolver e apresentar recidiva da doença meses depois.

A braquiterapia

A radioterapia externa não é a única forma de emprego da radiação no combate ao câncer. Existe outra, quase tão antiga quanto ela, que consiste na introdução da fonte radioativa no órgão doente (às vezes, dentro do próprio tumor). É a chamada braquiterapia, ou "terapia a curta distância".

A pesquisa desse método teve início nos primeiros anos do século XX, logo após a descoberta dos raios X pelo alemão Wilhelm Röentgen (1895) e do rádio 226 como fonte natural de radioatividade pela francesa Marie Curie (1898). A exposição a distância dos pacientes à radiação emanada pelos tubos de raios catódicos estudados por Röentgen já era utilizada com finalidade terapêutica quando, em 1903, o americano Alexander Graham Bell, inventor do telefone, fez a seguinte anotação: "Não há razão pela qual uma pequena quantidade de rádio, selada em um tubo de vidro fino, não possa ser inserida no interior de um tumor maligno, agindo assim diretamente sobre a lesão. Não valeria a pena fazer experimentos ao longo dessa linha de pensamento?" Estava inventada a braquiterapia.

Já em meados da primeira década do século passado, o tratamento feito com a introdução de tubos de rádio no órgão doente foi amplamente disseminado. Na época, a braquiterapia exigia que os tubos fossem retirados após o tempo necessário para que a radiação surtisse efeito. Logo essa técnica se transformou no padrão-ouro de combate ao câncer de útero, por exemplo, onde o tubo radioativo podia ser facilmente introduzido e retirado. Ainda hoje, a braquiterapia de útero é feita com a introdução da fonte radioativa no órgão e sua permanência no local por aproximadamente 72 horas.

Sem a mesma facilidade de acesso de que goza o útero – e também por ser um órgão pequeno e inteiriço –, a próstata não comportou a braquiterapia durante muitos anos. Apenas na metade da década de 1980, a domesticação de fontes radioativas com meia-vida curta e a produção de cápsulas minúsculas, que pudessem permanecer para sempre no interior da glândula possibilitaram o desenvolvimento da braquiterapia permanente de próstata.

Lançada por um grupo de urologistas de Seattle (EUA), a técnica consiste em crivar a próstata com dezenas de sementinhas metálicas e radioativas (entre 80 e 120, conforme o tamanho da glândula), que ficarão ali para sempre. "Diversos materiais radioativos podem ser usados em uma braquiterapia, e essa escolha depende de dois fatores: a intensidade da radiação e o tempo que a amostra leva até que a radiação emitida por ela se torne desprezível", explica o radioterapeuta Paulo Eduardo Novaes. "Como as sementes radioativas implantadas na próstata jamais serão retiradas, temos de analisar esses fatores para escolher um elemento que seja eficaz e se torne inócuo logo depois."

Os especialistas chamam de meia-vida o tempo que um elemento radioativo leva para, no organismo, perder metade de sua intensidade. A partir de então, a intensidade continua caindo progressivamente, até que as sementes deixam de exercer qualquer influência sobre a zona tratada. "Na próstata, temos de usar um material com radiação de baixa intensidade e meia-vida curta", diz Paulo Eduardo Novaes. "Dessa forma, será possível curar o câncer sem que os tecidos vizinhos sejam atingidos pela radiação e assegurando que aquele material perca a radioatividade antes de colocar em risco as pessoas que convivem com o paciente."

O rádio 226, descoberto por Marie Curie, por exemplo, jamais poderia ser empregado na braquiterapia permanente da próstata, uma vez que, segundo Eduardo Novaes, sua radiação é bem mais intensa e sua meia-vida, superior a 1,2 mil anos.

No mundo todo, o material mais utilizado na braquiterapia de próstata é o iodo 125, cuja radiação torna-se desprezível após cerca de três meses. Outra opção é o paládio, elemento de ação mais rápida que o iodo, mas pouco difundido na maioria dos países.

No Brasil, ainda são raros os hospitais e centros de radioterapia que oferecem a braquiterapia da próstata, todos eles localizados em grandes cidades. Mesmo assim, e apesar de ter apenas vinte anos de história, o procedimento tem sido largamente utilizado pelos pacientes elegíveis a ele, uma vez que a probabilidade de cura é quase tão grande quanto a alcançada

FORMAS DE TRATAMENTO

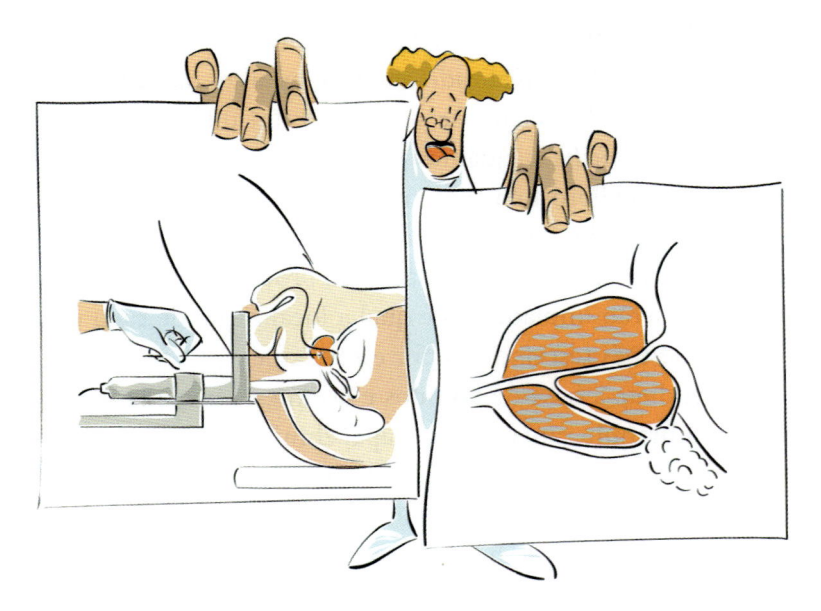

Na braquiterapia, a próstata é preenchida com 80 a 120 sementes radioativas (introduzidas por uma agulha especial através da pele do períneo), que permanecem na glândula para sempre, embora sua radioatividade dure apenas três ou quatro meses.

pela cirurgia radical e as seqüelas são, normalmente, menos freqüentes. Hoje, nos Estados Unidos, 65% dos doentes optam por um dos tipos de radioterapia, confiantes na eficácia da teleterapia de intensidade modulada e no implante de sementes de iodo.

A braquiterapia é um procedimento cirúrgico, feito sob anestesia geral ou meia anestesia, que tem início no estudo de volume da próstata, realizado alguns dias antes da introdução das sementes. O paciente se submete a um ultra-som com o objetivo de verificar quantas sementes serão utilizadas. As imagens de sua próstata alimentam um computador no qual é gerado um estudo tridimensional da glândula a partir do qual o físico faz uma simulação espacial do procedimento. Quantas sementes serão implantadas e qual a localização de cada uma são as questões respondidas por esse exame.

Uma dieta à base de líquidos e laxantes é iniciada um dia antes da braquiterapia. Nessa etapa, elimina-se do intestino e do reto todo tipo de resíduo que, durante a cirurgia, possa oferecer riscos ao paciente e causar infecção. Um jejum absoluto deve ser feito nas doze horas que antecedem o implante.

Na manhã do procedimento, o paciente chega ao hospital, é colocado na mesa cirúrgica e recebe a anestesia. Menores do que grãos de arroz, as sementes são introduzidas uma a uma (ou em tiras de cinco) por uma agulha de alta precisão que atravessa o períneo e é monitorada remotamente pelo físico. Com a ajuda de um ultra-som transretal, que fornece imagens como as geradas no estudo de volume, o físico coordena a distribuição das cápsulas e tem a responsabilidade de cobrir toda a extensão da glândula com a radiação sem deixar que ela ultrapasse os limites do órgão.

Ao acordar da anestesia, o paciente estará com uma sonda ligada à uretra. Após algumas horas, a próstata desinflama e libera a passagem da urina. A sonda é retirada e o paciente recebe alta.

Enquanto a radioterapia externa exige aplicações diárias ao longo de sete semanas e a prostatectomia exige de quatro a sete dias de internação, a braquiterapia é feita em um único dia, com uma única visita ao ambulatório. O paciente volta para casa no mesmo dia (às vezes no dia seguinte) e, em geral, é capaz de retomar suas atividades profissionais após 24 horas de repouso.

A braquiterapia está indicada para pacientes com próstata ainda pequena, que tenha no máximo 50 gramas (quando saudável, ela costuma pesar a metade disso), e com um tipo de câncer pouco agressivo (PSA abaixo de 10, escore de Gleason entre 2 e 6 e estadiamento clínico T1 ou T2). Nessas situações, a sobrevida de doze anos sem câncer chega a 90% dos casos – embora ela caia para até 64% quando o estadiamento clínico, o escore de Gleason e o nível de PSA estão acima do ideal no momento do procedimento.

Praticamente não há incontinência urinária nem inflamações nos tecidos do reto e da bexiga. Essa vantagem se deve ao fato de a radiação emitida pelas cápsulas de iodo agir apenas em um raio de dois milímetros. Ainda que o procedimento signifique a morte de todas as células nesse raio, os tecidos que estiverem além dessa distância serão preservados. "Por esse motivo, é de extrema importância programar corretamente a localização de cada cápsula. Nenhuma deve estar a menos de dois milímetros dos limites da próstata", considera Shalom Kalnicki, que realiza braquiterapia desde a primeira metade da década de 1990.

Pelo mesmo motivo, menos de 20% dos pacientes submetidos à braquiterapia ficam impotentes. Estudos recentes colocam essas estatísticas em dúvida ao apontar que 40% dos pacientes apresentaram algum quadro de impotência um ou dois anos após o procedimento. O rigor desses estudos é questionável, uma vez que eles se baseiam nas visões subjetivas do paciente e de seu médico e não permitem afirmar que a impotência tenha sido de fato provocada pela braquiterapia, especialmente considerando-se a idade avançada dos indivíduos. De qualquer maneira, vasodilatadores e fisioterapia conseguem devolver a potência em grande parte dos casos.

Entre as demais complicações estão o aumento da freqüência de micção, alterações no regime intestinal, retenção de urina e ardência ao urinar durante as primeiras semanas.

Se a próstata tiver ultrapassado 50 gramas, recomenda-se optar pela teleterapia ou reduzir o volume da próstata antes da braquiterapia – o que pode ser feito ministrando-se hormônios ao paciente nos dois ou três meses que antecedem o procedimento. No caso de estadiamento clínico moderado, podem-se providenciar algumas sessões de radioterapia externa, a serem feitas antes ou depois do implante das sementes, com o objetivo de eliminar eventuais focos de câncer nas vesículas seminais e em outros tecidos vizinhos.

Nesses casos, tem sido cada vez mais usual o emprego de uma variante da braquiterapia permanente conhecida como braquiterapia temporária (ou braquiterapia de alta taxa de dose). Ela consiste na implantação de fontes de outro elemento radioativo, o irídio, por meio de agulhas especiais, que atravessam o períneo e penetram a próstata por intermédio de um procedimento cirúrgico bastante semelhante ao da braquiterapia permanente. A diferença consiste no fato de as agulhas permanecerem apenas durante o tempo de incidência da radiação, sendo retiradas em seguida.

A braquiterapia de alta taxa de dose é comandada por controle remoto, de maneira que a fonte radioativa é programada para ocupar determinada posição dentro das agulhas e emitir a radiação durante alguns segundos, conforme um plano traçado anteriormente com a ajuda de um computador. Cada aplicação demora poucos minutos e pode ser repetida (uma ou mais vezes) após algumas horas, de modo que o paciente permanece internado e com as agulhas posicionadas até o final das aplicações, o que habitualmente acontece em menos de 48 horas.

Esse procedimento costuma ser associado à radioterapia externa em pacientes que apresentam grande chance de possuir um câncer que já extrapolou os limites da cápsula prostática. É uma forma de complementar a radiação externa com uma dose mais intensa, aplicada sobre o tumor. Sozinha, nenhuma das duas modalidades de braquiterapia é indicada para pacientes com câncer de alto risco.

Ambos os procedimentos também estão contra-indicados para homens com cardiopatias graves, que possam apresentar seqüelas decorrentes da anestesia, e pacientes com menos de 60 anos, uma vez que as estatísticas não permitem checar, ainda, sua eficácia para além dos vinte anos de sobrevida.

Como acontece após qualquer um dos procedimentos aqui abordados, o indivíduo se torna estéril pelas vias convencionais, uma vez que as funções da próstata ficam totalmente comprometidas após a incidência da radiação. Embora a produção dos espermatozóides seja tarefa dos testículos, eles não conseguirão alcançar o óvulo sem a ajuda do líquido seminal produzido pela glândula e responsável por mantê-los vivos nesse trajeto. Caso o indivíduo tratado ainda queira ter filhos, poderá recorrer à inseminação artificial.

As experiências de pouco sucesso, com não-eliminação do tumor, são raras. Quando isso ocorre e a recidiva é local, é possível fazer a prostatectomia radical de resgate, ou seja, a retirada da próstata. Essa cirurgia, no entanto, é mais delicada do que a cirurgia de primeira hora, tornando praticamente certa a impotência sexual e ampliando a probabilidade de incontinência urinária e outras complicações.

"Imagine um tecido em forma de bola que murchou a ponto de ter seu volume reduzido à metade", descreve Shalom Kalnicki. "Agora imagine que essa bola estava ligada a tecidos musculosos e nervosos semelhantes a elásticos. Todo o material ao redor da próstata ficará repuxado, tenso, frágil. Por melhor que seja, é provável que o cirurgião resvale em alguma dessas terminações." As complicações são mais freqüentes e, justamente por isso, é preciso ser criterioso e evitar a braquiterapia quando os exames anteriores indicam a possibilidade de o câncer não ser curado com ela.

Quando se descobre uma metástase a distância após a realização da braquiterapia, já não adianta tirar a próstata. O tratamento será o mesmo empregado em pacientes que já apresentam metástases no momento do diagnóstico: a hormonoterapia.

A hormonoterapia
Enquanto a prostatectomia e a radioterapia são consideradas técnicas curativas para o tumor localizado, eficiente em 75% a 100% dos casos de câncer de próstata segundo o Instituto

Nacional de Câncer dos Estados Unidos, não se pode falar em cura quando há doença disseminada.

Focos de câncer espalhados pelo corpo exigem procedimentos paliativos, que busquem retardar o avanço da doença, adiar a morte do paciente e melhorar sua qualidade de vida. "A existência de metástases em outros órgãos torna inútil a tentativa de erradicar a lesão prostática inicial por meio de cirurgia ou radioterapia", considera Miguel Srougi. "Nesses casos, são adotadas medidas que atuam de maneira abrangente, em todo o organismo."

A mais eficiente das medidas a que Srougi se refere é a hormonoterapia, ou seja, a manipulação de hormônios e de interceptores de hormônios com a intenção de impedir o desenvolvimento da doença. "Embora o prognóstico dos casos de tumor disseminado seja mais delicado, quase 40% dos pacientes encontram-se vivos e em boas condições cinco anos após o diagnóstico; alguns sobrevivem mais de dez anos", diz ele.

O tratamento hormonal é utilizado desde 1940, quando se descobriu que os hormônios masculinos (andrógenos) – dos quais a testosterona é o mais importante – contribuem para o crescimento das células prostáticas, tanto as saudáveis quanto as cancerosas. Em outras palavras, é possível dizer que os hormônios masculinos servem de alimento a elas.

Estudos feitos desde a metade do século XX mostraram que a eliminação desses andrógenos do organismo – ou o bloqueio das funções por eles desempenhadas – provoca não apenas uma redução do tamanho da glândula, mas também a retração do tumor primário e das metástases.

É bom lembrar que as metástases são sempre constituídas de células que se desprenderam do tumor original e migraram pelo corpo até se instalar, como posseiras, em outro órgão. Ou seja: elas são sempre células prostáticas, mesmo quando localizadas nos ossos, no pulmão ou na bexiga.

Se não vence o câncer, a hormonoterapia alcança resultados bastante satisfatórios na contenção da doença e também no alívio das dores que costumam atormentar os pacientes com câncer disseminado.

A hormonoterapia é feita de duas formas distintas. A maneira mais barata e prática é a remoção dos testículos. Entre 90% e 95% dos hormônios masculinos são produzidos por eles, enquanto apenas 5% ou 10% são secretados pelas glândulas supra-renais, localizadas acima dos rins. Nada mais coerente, portanto, do que cortar o mal pela raiz, o que é feito por meio da chamada orquiectomia bilateral, nome técnico da retirada de ambos os testículos.

A castração cirúrgica, outra definição dada ao procedimento, é realizada por meio de uma pequena incisão no escroto e pode ser feita com anestesia local. A principal vantagem dessa técnica é ter efeito permanente, o que livra o paciente do desconforto de tomar medicamentos ou comparecer rotineiramente ao médico para a injeção de drogas. É também a escolha preferencial de quem não pode arcar com o alto custo dos hormônios sintéticos.

Entre as desvantagens da orquiectomia destacam-se a perda da libido e da potência sexual (freqüentes também nos demais tratamentos hormonais), o aumento das mamas, a alta sensibilidade dos mamilos, arroubos de calor semelhantes aos verificados pelas mulheres durante a menopausa e ligeiro aumento de peso. Para alguns homens, no entanto, o mais grave dos efeitos colaterais costuma ser o desconforto psíquico provocado pela castração. Às vezes, essa sensação é suavizada com o implante, na bolsa escrotal, de próteses com tamanho, peso e textura muito semelhantes aos dos testículos.

Aos homens com recursos e disponibilidade para seguir à risca um tratamento medicamentoso, provavelmente para o resto da vida, é facultada outra forma de hormonoterapia: o uso de drogas que bloqueiam a produção dos andrógenos ou impedem que eles "alimentem" as células prostáticas.

Resumidamente, a testosterona é produzida nos testículos mediante uma solicitação feita pela hipófise, glândula localizada na cabeça e que funciona como uma espécie de gerente do sistema hormonal, distribuindo ordens e cobrando resultados. Os andrógenos, portanto, deixam de ser produzidos não apenas quando os testículos são retirados, mas também quando a hipófise deixa de requisitá-los, o que pode ser alcançado por meio de intervenções nessa glândula. Ao mesmo tempo, é possível preservar intacta a produção dos andrógenos e, sem promover qualquer alteração na hipófise ou nos testículos, agir de modo a impedir que a testosterona seja convertida em alimento para as células prostáticas. Nos últimos anos, diversas drogas foram sintetizadas com a missão de atuar nessas duas frentes.

Até algum tempo atrás, o mais conhecido dos hormônios utilizados para esse fim era o estrógeno, que age na hipófise e bloqueia a secreção da testosterona pelos testículos. "A desvantagem que trazia era favorecer a ocorrência de acidentes cardiovasculares e tromboembólicos, às vezes mortais", alerta o urologista francês Marc Zerbib no livro *Próstata: 100 perguntas e respostas* (Larousse, 2003). "Por isso, os estrógenos não são mais usados hoje, a não ser excepcionalmente." Uma alternativa é a administração conjunta do estrógeno com aspirina ou qualquer outro medicamento de efeito anticoagulante. Ainda assim, os estrógenos acabaram substituídos, com sucesso, por outros hormônios, capazes de desempenhar semelhante papel sem os mesmos paraefeitos. Os mais festejados são os análogos do LHRH, sigla em inglês para hormônio liberador do hormônio luteinizante.

Os análogos do LHRH são drogas sintéticas que desempenham o mesmo papel do LHRH, hormônio produzido pelo cérebro (o patrão) para avisar a hipófise (a gerente) de que é preciso produzir o tal hormônio luteinizante (LH), responsável por exigir dos testículos (os colaboradores) a interrupção imediata da produção de testosterona. Administrados por meio de injeções subcutâneas mensais ou trimestrais, os análogos do LHRH são liberados no organismo em doses fracionadas ao longo de 28 ou 90 dias, conforme o produto. Ao término desse período, o paciente retorna ao médico para receber uma nova carga.

Essa terapia é tão eficaz no bloqueio dos andrógenos que, segundo os especialistas, sua adoção suplantaria qualquer outro tratamento, inclusive a orquiectomia, não fosse o seu elevado custo, que a torna proibitiva para a maior parte da população. Durante o emprego dos análogos de LHRH, os níveis de testosterona caem para praticamente zero. Os efeitos colaterais são os mesmos da remoção dos testículos, com a vantagem de que, dessa vez, a perda da libido e da potência sexual não ocorre de forma permanente, podendo ser retomadas quando houver suspensão temporária do tratamento, procedimento encorajado por alguns médicos. Curiosamente, os análogos do LHRH provocam uma repentina elevação na taxa de testosterona nas primeiras semanas e, por isso, é recomendável o uso simultâneo de antiandrógenos no início do tratamento.

Os antiandrógenos constituem outra vertente da terapia hormonal. Recomendados como auxiliares dos análogos do LHRH nas primeiras semanas, eles também podem ser adotados como agentes únicos, constituindo a terapêutica básica da abordagem do câncer avançado.

Em vez de impedir a produção dos andrógenos como fazem a orquiectomia, o estrógeno e os análogos de LHRH, os antiandrógenos agem de modo a impedir a formação da chamada dihidrotestosterona (DHT), derivado da testosterona que interage com as células prostáticas e auxilia em seu crescimento. Em outras palavras, eles impedem que a testosterona se transforme em alimento para o câncer.

Evidentemente, a grande justificativa para sua adoção é o fato de a maioria dos antiandrógenos preservar a libido e a potência sexual. Outra vantagem é que eles agem também sobre os 5% ou 10% de hormônios masculinos que são secretados pelas glândulas supra-renais e que escapam à influência do estrógeno, dos análogos de LHRH e da orquiectomia.

Há diferentes espécies de antiandrógenos, cada qual com suas especificidades. Em geral, são administrados diariamente por via oral, alguns em mais de uma dose diária. As complicações variam conforme o andrógeno adotado e incluem aumento das mamas, hipersensibilidade dos mamilos, diarréia, lesões hepáticas e mesmo a queda da libido em determinados casos.

Todos os tratamentos hormonais agem de modo a coibir a multiplicação e o desenvolvimento das células cancerosas sensíveis a hormônios. Nem todas as células cancerosas são sensíveis a eles e, por isso, a terapia hormonal não é curativa. Ela apenas adia a morte e proporciona melhor qualidade de vida ao paciente até que a maior parte das células neoplásicas se mostre resistente aos hormônios – o que pode acontecer após dois, três ou oito anos, dependendo do caso.

Em razão disso, talvez a principal sutileza da terapia hormonal não seja a escolha da abordagem, mas a decisão sobre o momento certo de iniciá-la. Uma opção, defendida por muitos médicos, é iniciar a hormonoterapia assim que a recidiva é notada. Outra opção, apoiada por outra porção de especialistas, é adiar o tratamento até o início dos sintomas, como dor óssea ou retenção urinária.

Uma vez que a terapia hormonal consiste em retardar o avanço da doença e tornar a sobrevida menos dolorosa, é compreensível que alguns prefiram adiá-la para quando surgirem as dores características das metástases. Até lá, para muitos homens, doloroso seria abdicar do desejo e da potência sexuais, por exemplo, ou ter os testículos arrancados.

Na balança, deve-se colocar, antes de qualquer outra coisa, a qualidade de vida do paciente. Em hora tão extrema, médico e familiares devem considerar as aspirações do paciente e, de forma madura, preferencialmente com a intermediação de um psicooncologista, conduzir os passos seguintes com a intenção principal de minimizar seu sofrimento.

A quimioterapia

Bastante difundida no tratamento de diversas formas de câncer, a terapia química é raramente utilizada no combate à neoplasia maligna de próstata. Isso se deve, basicamente, à sua baixa eficácia como tratamento paliativo do câncer disseminado, estágio no qual a hipótese de cura é menos provável e as drogas são buscadas com o objetivo principal de amenizar sintomas e prolongar a vida do paciente.

Os principais estudos realizados até hoje falharam ao tentar apontar melhora relevante na expectativa de vida dos doentes, o que contribuiu para a adoção preferencial da hormonoterapia, mais eficaz e com menos complicações.

De dez anos para cá, no entanto, novas drogas foram sintetizadas e, de forma insipiente, têm sido mais comumente utilizadas quando não há resposta à terapia hormonal. Pesquisadores e entusiastas da quimioterapia alegam que nem sempre o prolongamento da vida é o argumento mais importante para se verificar a eficácia de uma droga. Com razão, eles apontam a qualidade de vida do paciente como fator de suma relevância e, em defesa dos novos medicamentos, apresentam estatísticas atualizadas que conferem o relativo sucesso das drogas mais recentes.

No livro *Câncer de próstata: novos caminhos para a cura* (AGE, 2002), o oncologista Luiz Antônio Bruno, de Porto Alegre (RS), chama a atenção para os resultados expressivos no controle dos sintomas. "A dor causada pelas lesões nos ossos ou pelo crescimento de tumores pode ser aliviada em até 75% dos pacientes", diz ele. "A diminuição do tamanho dos tumores ocorre em freqüência de até 49% com o emprego de algumas combinações de drogas, o que pode ter importância fundamental em pacientes que apresentam sintomas obstrutivos causados por esses tumores."

Os efeitos colaterais ainda são bastante significativos e contribuem para que a quimioterapia continue sendo utilizada como último recurso. Náuseas e vômitos costumam ser demasiadamente perturbadores. A falta de apetite pode causar perda expressiva de peso. Dores musculares, fraqueza e fadiga também acompanham essa etapa do tratamento.

Além disso, algumas drogas implicam risco de trombose e muitas delas provocam deficiência no sistema imunológico, o que deixa o paciente altamente suscetível a toda sorte de infecções. Segundo Luiz Antônio Bruno, mesmo a suramina, talvez a única droga com algum efeito expressivo no prolongamento da vida dos pacientes resistentes à terapia hormonal, tem paraefeitos poderosos e pode causar lesões nas glândulas supra-renais, que controlam a retenção de líquidos.

A crioterapia e outras frentes de pesquisa

Novas terapias têm sido permanentemente pesquisadas e testadas com o objetivo de aumentar a possibilidade de cura e sua eficácia como método paliativo nos casos de câncer localizado e doença disseminada. O que é verdade hoje pode não ser amanhã. O que se julga impossível agora pode se tornar corriqueiro e banal na próxima semana.

Neste livro, optamos por analisar apenas os procedimentos consolidados, com larga utilização e resultados promissores, que já estão disseminados e constituem, de fato, opções viáveis aos homens que se vêem, repentinamente, obrigados a se decidir por um deles. Novos procedimentos, exames e estatísticas surgem todos os anos. Que sejam positivas e promissoras as novidades!

Uma das técnicas em estudo para combate ao câncer localizado é a crioterapia, que promove a destruição do câncer por congelamento da próstata. De forma análoga à braquiterapia, são introduzidas hastes metálicas através da pele do períneo, dentro das quais circula nitrogênio líquido a temperaturas que beiram os -200 °C. Realizada também sob anestesia, mas sem a necessidade de incisão cirúrgica, esse método possibilitaria os mesmos benefícios da braquiterapia, com a vantagem de não emanar radiação.

Até agora, no entanto, não houve tempo suficiente para se verificar os resultados de longo prazo desse procedimento. Por enquanto, os dados obtidos confirmam a perda da potência sexual em 70% dos casos, a ocorrência de complicações, como a perfuração da uretra e biópsias positivas para câncer em parte substancial dos pacientes tratados, o que demonstra a necessidade de novas pesquisas.

A maioria dos pesquisadores, no entanto, está focada na descoberta de tratamentos mais eficientes para o câncer disseminado. Uma das linhas de pesquisa mais promissoras é a busca de drogas capazes de impedir a angiogênese, ou seja, a formação de novos vasos sanguíneos, necessários para a irrigação do tumor primário e das metástases. Sem esses vasos, as células cancerosas não teriam como se alimentar nem conseguiriam se disseminar com tanta facilidade.

Há também um grande número de cientistas à procura de uma droga capaz de bloquear a divisão das células cancerosas por meio da interceptação dos chamados fatores de crescimento, agentes que penetram na membrana dessas células e desencadeiam as reações químicas responsáveis por avisar ao núcleo que é preciso crescer e se multiplicar.

Finalmente, são intensas as pesquisas em mapeamento genético, desenvolvidas por equipes ávidas por localizar as centenas de cromossomos que apresentam modificações substanciais nos indivíduos com câncer. No passado, imaginava-se que o câncer era resultado de uma falha em um cromossomo ou dois. Hoje, sabe-se que, em cada indivíduo, o defeito aparece em trezentos ou quatrocentos cromossomos diferentes.

Grandes centros de oncologia têm promovido um intenso trabalho de decodificação do DNA dos pacientes com câncer com o objetivo de desenhar painéis genéticos que apontem a propensão ao desenvolvimento da doença. A esperança é de que, algum dia, seja possível prevenir a doença e combatê-la com a manipulação genética, muito antes de surgirem os primeiros tumores.

Capítulo 7
Fogo! Fogo!

Uma notícia fantástica:
— José, você não tem câncer!
Era Shalom Kalnicki ao telefone, uma semana depois de meu retorno a São Paulo.
O laboratório de patologia associado à Universidade de Pittsburgh não havia encontrado nenhum tecido canceroso na minha biópsia. Provavelmente, eu estava com hiperplasia benigna ou alguma outra anomalia na glândula. Afinal, o PSA estava alto e o toque retal, alterado. Mas não era câncer.
Você não tem câncer.
Senti um alívio enorme, embora desconfiasse. O laboratório brasileiro fora taxativo ao afirmar que eu tinha um câncer com grau 6 de Gleason. Dr. Kalnicki discordava: *Você não tem câncer.*
No entanto, antes que eu abrisse uma garrafa magnum de Dom Perignon, o médico recomendou que eu refizesse o exame, dessa vez nos Estados Unidos.

– Não podemos ir contra a patologia do Brasil – ele explicou. – Teremos de fazer uma nova biópsia aqui.

Novamente, uma parte da minha próstata seria arrancada. Mais essa agora...

Eu me sentia como se tivesse um pedaço de queijo parmesão no lugar da próstata e um ralador viesse de tempos em tempos para arrancar algumas lascas dele. Em breve, não sobraria nada.

Sem opção, marquei a passagem para o dia 7 de abril, uma segunda-feira. Lembro-me de estar me preparando para partir quando o telefone tocou. Era o presidente Lula.

– Camargo, hoje é aniversário da Marisa – ele explicou. – Venha dar um abraço na sua amiga.

Naquela época, eu integrava o conselho do Instituto Cidadania – ONG fundada em 1990 pelo então presidente do PT – e havia sido convidado para assumir a presidência da entidade. Como uma espécie de incubadora de políticas públicas, o instituto elege a cada dois anos um tema urgente na agenda nacional e promove estudos aprofundados e debates com especialistas com o objetivo de formular um plano de ação que possa ser adotado pelos governos federal, estadual ou municipal. Foi responsável por formatar o Fome Zero (que viria a se tornar uma das principais bandeiras do primeiro mandato de Lula, em 2003), entre muitos outros programas.

Imerso em exames, mais preocupado com o meu câncer do que com o futuro do instituto, eu hesitava, desconversava, fugia do assunto. Conselheiro da ONG, eu temia assumir a presidência enquanto o tumor não fosse erradicado. Teria sido mais fácil se eu tivesse aberto o jogo com Lula; mas eu ainda não me sentia à vontade para isso.

— Venha, Camargo; nós estamos em São Bernardo.

— Não posso, Lula – declinei. – Embarco para os Estados Unidos esta noite. Dê um abraço na Marisa por mim.

— Pára com isso, Camargo. Quem viaja de primeira classe não tem de chegar ao aeroporto com duas horas de antecedência. E eu conheço um caminho pelo qual você não vai levar mais do que vinte minutos entre a minha casa e Cumbica.

Como eu poderia recusar o convite?

Naquela noite, não mencionei a palavra "câncer". Nem a palavra "tumor". Nem "biópsia", embora não parasse de pensar nelas. Segui do apartamento deles diretamente para o aeroporto. Dessa vez, ao chegar a Pittsburgh na manhã seguinte, fui recebido por Tadeu, que já sabia de tudo. Na primeira consulta com o dr. Kalnicki, semanas antes, expliquei estar habituado com Pittsburgh porque a empresa que eu dirigia tinha uma subsidiária lá. Ele quis saber detalhes e eu lhe contei sobre a Reference Metals. Sua reação me surpreendeu:

— Reference Metals? Eu conheço o Tadeu Carneiro!

Já era a segunda pessoa que me dizia conhecê-lo. Primeiro, Kathleen De Walt, a pesquisadora do Centro de Estudos Brasileiros que conheci no avião. Agora, o dr. Kalnicki. Não me contive e contei tudo ao Tadeu. Agora eu teria um amigo na cidade, disposto a me ajudar no que fosse necessário.

Na quarta-feira, 9, segui ao consultório do dr. Ronald Benoit. Ele explicou que a análise da patologia havia deixado algumas dúvidas, por isso a necessidade de fazer uma nova biópsia.

— José, se quiser, a gente pode ir até o hospital e efetuar o procedimento com meia anestesia – ele ofereceu. – Mas acredito que você seja forte o suficiente para realizá-lo aqui mesmo no consultório.

— A sangue-frio? — estranhei. — Sem nenhum remedinho para dormir?

No Hospital Alemão Oswaldo Cruz, a biópsia fora feita com anestesia. Tanto que eu havia apagado antes da primeira agulhada. Agora o urologista americano me propunha fazer a biópsia com a cara e a coragem, ali mesmo na sala.

— Serão apenas dez picadinhas para a coleta do material. Não vai demorar mais do que 30 minutos.

Estranhei a proposta, mas confiei no taco do doutor.

— Sou pele grossa! — respondi. — *I'm a strong man.*

Pele grossa. Aquela era uma expressão da Fazenda Bodoquena. Mais uma vez, eu percorria o túnel do tempo e atravessava o Rio Miranda rumo à estação de Guaicurus, no final dos anos 1970.

Na época em que fui vice-presidente da fazenda, havia ali um agrônomo, o melhor de todos, chamado Alexandre Machado Ferreira. Ele agarrou-se com tal carinho ao empreendimento que parecia ser ele o proprietário. Em pouco tempo, viria a se tornar um dos principais executivos da empresa. Suas estripulias entretinham os muitos estrangeiros que a visitavam, atraídos pelo sucesso daquele que era um dos maiores empreendimentos pecuários do Brasil. Assim que chegavam à fazenda, eram recebidos com churrasco, uma maneira de mostrar *in loco* a qualidade da nossa carne.

Alexandre comandava a empreitada, reunindo os peões e ordenando o abate. A rês era dividida em peças: o filé, a picanha, a maminha, o acém. Mas havia um corte especial, reservado aos mais engomados: o bucho. À beira do fogo, arrancava-se a tripa do animal, espremia-se aquela lingüiçona borrachenta, semelhante a um tubo de pasta de dente, até livrar-se do excremento. Feito isso, enfiava-se a bisnaga no espeto. Minutos depois, era o próprio Alexandre quem retirava a iguaria da brasa e a oferecia ao hóspede.

– Vamos ver se este gringo é pele grossa... – dizia.

O desafio do forasteiro era provar daquilo sem fazer cara feia: uma tarefa para poucos. Nas minhas idas à Bodoquena, onde o Pantanal mato-grossense se aproxima do Paraguai e o portunhol é língua oficial, vi muito cabra de pele grossa devorar aquilo sem pestanejar. Mas vi também muito homem de peito inflado afinar a voz e torcer o nariz. Alguns, incrivelmente pálidos, devolviam todo o café-da-manhã atrás de um cupinzeiro, sem conseguir sequer olhar para o bucho: coisa de selvagens!

– Manda bala, doutor – respondi ao dr. Benoit. – Enfia logo essa agulha que eu sou pele grossa!

Se arrependimento matasse... As tais picadinhas doeram pra burro! E não foram apenas dez, como ele havia prometido, mas vinte! Pica quando a agulha entra; pica quando a agulha sai. Sangrou bem mais do que na biópsia anterior. E eu descobri que a minha pele já não era tão grossa quanto nos velhos tempos.

Que idéia de jerico fazer aquele exame no consultório! Semanas depois, um médico de São Paulo comentaria comigo que realizar uma biópsia sem anestesia é loucura. Aprendi a lição no meu próprio couro. Quer dizer, na minha própria próstata.

Que saudade do Oswaldo Cruz! Que saudade do Fleury! Em São Paulo, além da anestesia geral, eu teria direito a café expresso e música ao vivo. Sem contar que os laudos produzidos pelos grandes laboratórios brasileiros são bem mais completos e compreensíveis do que os americanos.

Mais tarde, Shalom Kalnicki admitiria sentir inveja dos médicos brasileiros toda vez que recebia um exame do Fleury. Segundo ele, os laboratórios brasileiros trabalham para o paciente, enquanto os laboratórios dos Estados Unidos trabalham para o médico. No Brasil, o paciente é capaz de abrir o exame e analisar ele mesmo o resultado, uma vez que o laudo vem acompanhado dos valores de referência e de um veredicto, assinado por profissional habilitado, explicando se existe algo suspeito. Lá, não existe nada disso. O exame é entregue para o médico que o receitou e não inclui explicação alguma. Cabe ao médico repassar o resultado a seu cliente e traduzir o diagnóstico. Atualmente, existe um movimento na comunidade médica norte-americana para que os valores de referência e a síntese do exame sejam incorporados aos laudos, inclusive como forma de democratizar a informação, permitindo que o próprio paciente a compreenda – uma prerrogativa defendida pela Organização Mundial de Saúde.

Voltei ao Brasil no dia seguinte e esperei por mais uma semana pela notícia definitiva:

– É câncer, sim, Camargo – Kalnicki reconheceu. – Um câncer mais suave do que o indicado pela patologia brasileira. Mas é câncer.

Palhaçada! Quer dizer, então, que eu fiz uma biópsia desnecessária? Sangrei nas mãos do dr. Benoit, sem anestesia, a troco de nada?

É câncer. Não havia mais como fugir.

Decidi fazer a tal braquiterapia como quem aposta todas as fichas em uma única casa e fixa os olhos na bolinha enquanto a roleta gira.

Escolha difícil. Mesmo hoje, passados cinco anos, percorro mentalmente a lista de famosos que tiveram o mesmo tipo de câncer e noto quão imprevisíveis são os tratamentos. Nenhuma terapia é imune a falhas.

No livro *Sem medo de saber* (Sextante, 2007), Ilan Gorin reuniu depoimentos de sobreviventes do câncer – e familiares das vítimas – para compor um panorama de suas implicações humanas. Alguns desses relatos referem-se ao câncer de próstata. A filha do diretor de tevê Walter Avancini, por exemplo, conta que o pai optou pela prostatectomia radical e, golpeado pelo surgimento de metástases, submeteu-se a cinco anos de quimioterapia antes de morrer em decorrência da doença. Já o empresário Carlos Guilherme Eduardo Fischer, do Grupo Fischer (*holding* do setor agroindustrial, dona da Citrosuco), deve à quimioterapia sua longa sobrevida de catorze anos. Ele recebeu o diagnóstico de um câncer de próstata com metástase óssea e nos gânglios linfáticos em 1986 e viveu até 2000. Já meu amigo Robert Blocker, ex-presidente do Chase Manhattan Bank para a América Latina, teve diagnosticado um tumor maligno na próstata em 1999 e optou pela radioterapia externa associada à hormonoterapia. Sarou. Outros amigos fizeram a prostatectomia radical e gozam de perfeita saúde.

A braquiterapia ainda era novidade para mim. Miguel Srougi a mencionara na primeira consulta e Drauzio Varella a indicara como o procedimento ideal em casos como o meu. Até aquele momento, no entanto, eu jamais havia conversado com alguém que a tivesse feito. Mais tarde, descobri que a braquiterapia permanente da próstata era conhecida desde os anos 1980. Muito controvertida no início, evoluíra nos anos seguintes a ponto de angariar a confiança da maioria dos oncologistas a partir da segunda metade da década de 1990. Mesmo assim, era eficaz apenas para os pacientes com câncer pouco agressivo e bem localizado. Como eu poderia ter certeza da agressividade e da localização do meu?

Diagnosticado em 1984, o escritor Antônio Callado, outra personalidade lembrada por Ilan Gorin, foi um dos primeiros brasileiros a se submeter à braquiterapia. Fez o procedimento no Memorial Hospital de Nova York e ficou limpo por cinco anos. Em 1989, no entanto, inchaços nos tornozelos denunciaram a presença de metástases ósseas. O tumor não fora destruído e, como a fênix mitológica, renascera das cinzas. Cinco anos depois, vinha agarrar-lhe as pernas. Callado fez a cirurgia reparadora e se habituou a uma desgastante rotina de transfusões de sangue e radioterapia. Imortal da Academia Brasileira de Letras desde 1994, o autor de *Quarup* faleceu em 1997, vítima do câncer.

No início de 1995, onze anos depois de Callado, Andy Grove, presidente da Intel, diagnosticou um câncer com 60% de chance de já ter extrapolado os limites da próstata. Submeteu-se à braquiterapia temporária, uma variação da braquiterapia permanente, e realizou 28 sessões de radioterapia externa à guisa de tratamento complementar. Tudo indica que ele teve mais sorte do que o imortal da ABL. Até agora, Grove não teve nenhuma surpresa. Em maio de 1996, seis meses após concluir a radioterapia, o empresário narrou detalhes sobre sua doença e sobre a difícil responsabilidade de optar por um tratamento em uma reportagem de capa da revista *Fortune*. "À noite, eu lia artigos médicos, cruzando os dados de um com os resultados de outro", escreveu, para sugerir em seguida: "Se é você quem cuida dos seus investimentos, acredito que você deva zelar igualmente por sua vida. Investigue, chegue às próprias conclusões, não aceite nenhuma recomendação como verdade absoluta".

Eu havia cumprido o mesmo percurso e seguira à risca a recomendação de Andy Grove. Enfim, sentia-me pronto para tomar uma decisão. Depois de muito analisar os prós e os contras e repassar cada detalhe mencionado pelos médicos, decidi confiar meu futuro à experiência do dr. Kalnicki. Que viessem as sementes de iodo!

Marcamos a braquiterapia para 5 de junho. Esse intervalo de seis semanas foi providencial para que minha próstata, inflamada após a biópsia, recuperasse o tamanho original. Também me permitiu acertar os detalhes com o convênio médico. Afinal, eu estava prestes a fazer um procedimento orçado em 48 mil dólares num momento em que o dólar custava dois reais e noventa centavos. Se eu tivesse de pagar a brincadeira do meu bolso, levaria uma mordida de 140 mil reais, o equivalente a 583 salários mínimos brasileiros (240 reais, na época).

Contatei imediatamente o plano de saúde americano:

— Senhor, o Shadyside Hospital não integra a nossa lista de hospitais conveniados.

— Como não? — eu não conseguia acreditar.

— Trabalhamos com outros hospitais tão bons quanto o Shadyside Hospital na cidade de Pittsburgh. O senhor pode consultar o nosso site e escolher o de sua preferência.

— Mas eu já fiz todos os exames necessários. Até escolhi a data, 5 de junho.

— Lamento, meu senhor. Tenho certeza de que o senhor encontrará outro hospital à altura.

— Minha querida, eu vou fazer a braquiterapia com a equipe do dr. Shalom Kalnicki, entende? E o dr. Kalnicki só atende no Shadyside Hospital. Ele é diretor do setor de radioterapia da Escola de Medicina da Universidade de Pittsburgh!

— Lamento, meu senhor. O senhor pode fazer a braquiterapia em qualquer outro hospital habilitado que seja conveniado ao nosso plano.

Aquela conversa não nos levaria a lugar algum. Telefonei para a Lincx, minha seguradora no Brasil, para saber qual era a política da empresa em caso de cirurgias no exterior. Fui informado de que eu seria reembolsado de acordo com o valor máximo cobrado no Brasil para a realização do mesmo procedimento. No Hospital Sírio Libanês, em São Paulo, a braquiterapia não passava de 20 mil reais. Ou seja, os outros 120 mil reais ficariam por minha conta.

Avisei o dr. Kalnicki que, se não havia outro jeito, eu arcaria com os custos.

— Você não vai pagar coisa nenhuma! — ele respondeu, categórico. — Mude de plano.

— O que você quer dizer com "mude de plano"?

Para mim, um brasileiro acostumado com o modelo tupiniquim de saúde suplementar, que lia nos jornais toda sorte de notícias sobre reajustes ilegais, burocracia excessiva e ações movidas contra os planos de saúde por clientes alijados, era inconcebível que um cidadão pudesse trocar de seguradora já com a intenção de se submeter a um procedimento de alta complexidade. Principalmente quando se tratasse de doença previamente conhecida.

— É só ter paciência e esperar um pouco — Kalnicki instruiu. — Em duas ou três semanas, seu novo plano estará pronto.

Duas ou três semanas. Sem carência ou contratempos. Se os nossos laboratórios de análises clínicas causavam inveja nos médicos americanos, as regras que regem os planos de saúde eram, definitivamente, bem mais avançadas nos Estados Unidos.

— Esse é um procedimento legítimo, bem-aceito e absolutamente corriqueiro por aqui — o dr. Kalnicki insistiu.

Naquele momento, senti-me em outro planeta, cercado de extraterrestres. Ou então era eu o ET, vagando por um país onde, pelo menos para os privilegiados que podiam pagar por um plano de saúde, a cidadania tinha gosto de chocolate.

Lisa Jones, executiva da Reference Metals, cuidou da papelada para mim e realizou a troca de convênio. Fiquei aliviado pelos 120 mil reais que aquilo me pouparia. Mesmo assim, cogitei a hipótese de desistir do Shadyside Hospital e fazer a cirurgia em São Paulo mesmo, onde eu poderia receber visitas e, provavelmente, estaria mais bem instalado do que no hospital universitário da Universidade de Pittsburgh. Troquei figurinhas com um engenheiro que havia feito o mesmo tratamento no Sírio Libanês, dois anos antes, e fui conhecer o dr. João Luís Fernandes da Silva, um dos pioneiros no emprego da braquiterapia no Brasil, responsável pelo procedimento no Sírio. Mesmo assim, preferi viajar, uma decisão inédita em minha vida.

Sempre confiei na capacidade dos médicos brasileiros e resolvi todos os meus problemas de saúde por aqui. Aprendi a partilhar da opinião do governador Mário Covas, que, durante quatro anos de luta contra um câncer na bexiga, jamais pegou um avião para se tratar fora do país. Covas achava absurdo um governador recorrer à medicina estrangeira, desprezando o preparo dos profissionais de saúde em seu próprio país. Mas, naquele momento, duas coisas influenciavam minha decisão. Uma delas era a enfermagem.

O ambiente hospitalar e todo o arcabouço que cerca um procedimento cirúrgico costumam afligir-me. No Brasil, a braquiterapia era seguida de pelo menos uma noite no hospital e eu me assustava com a hipótese de ter uma infecção ou qualquer outra complicação pós-operatória. A baixa remuneração dos enfermeiros e a injustificável ausência de prestígio de sua profissão me deixavam com a pulga atrás da orelha. São os enfermeiros, e não os médicos, os verdadeiros alicerces do paciente durante o período de internação. São eles que trocam curativos, administram remédios, nos auxiliam nas idas ao banheiro, controlam os horários das refeições e colhem o material necessário para a realização de novos exames. São eles que lidam diariamente com pais aflitos e filhos consternados, maridos insones e esposas aos prantos, obrigados a manter, no quarto, um clima permanente de alento e esperança. Enquanto o Memorial Sloan-Kettering Cancer Center, de Nova York, referência no tratamento do câncer nos Estados Unidos, promove encontros semanais entre enfermeiros e psicooncologistas, não é raro esbarrarmos, no Brasil, com profissionais sem o devido preparo para lidar com situações extremas, o que apenas corrobora minha avaliação.

A outra coisa que pesou em minha decisão foi o fato de o Sírio Libanês, até aquele momento, ter realizado pouco mais de 300 braquiterapias, enquanto o Shadyside Hospital já havia feito cerca de 3 mil. Se o hábito faz o monge e a experiência faz o médico, eu tinha certeza de que o traquejo dos americanos faria a diferença. E, segundo Kalnicki, eu entraria no hospital de manhã e sairia à tarde, após duas horas de batalha-naval. Melhor, impossível.

Voltei a Pittsburgh no dia 4 de junho, véspera do procedimento. Tadeu Carneiro passaria para me buscar às sete horas da manhã. Solícito, ele havia se oferecido para me acompanhar até o hospital e passar o dia comigo. Assim, eu não dependeria de táxi nem da ajuda de nenhum desconhecido caso algo se fizesse necessário.

Deitei ansioso pelo dia seguinte. Na cama, imaginei um exército de minúsculas cápsulas radioativas, vestidas com roupas camufladas e empunhando pistolas de iodo. Fiéis às mais eficientes táticas de guerrilha, elas se aproximavam sorrateiras do acampamento inimigo, tomado pelo câncer, e faziam o cerco, entrincheiradas. Prontas para o ataque, permaneciam à espreita, sentindo a adrenalina irrigar seus corpos. Uma ordem faria com que todo o exército entrasse em ação. À espera de um sinal do general George Henning, o radiologista, as cápsulas partiriam com fúria para cima do inimigo, sem dó nem piedade. A instrução era não deixar ninguém vivo. Um grito – um único grito – e a batalha começaria: rápida, intensa, sangrenta.

Fire! Fire!, gritou George Henning em meu sonho.

Fogo! Fogo!, respondeu meu inconsciente.

Uma sirene soava ao fundo. Um barulho irritante, no meio da guerra.

Que barulho é esse?, pensei, esfregando os olhos.

Era o alarme de incêndio do prédio.

Acordei assustado e olhei o relógio: ainda não eram quatro da manhã. Levantei querendo saber o que se passava. Não havia tempo para explicações. O alarme havia sido acionado e a instrução era para que todos descessem imediatamente para o *hall* do edifício.

Um mar de pantufas e penhoares invadiu as escadas e cobriu o saguão, como se alguém abrisse as comportas da mais velha represa do mundo. Dezenas de idosos moravam naquele prédio. Somando as idades de toda aquela gente, teríamos milhares de anos. A Era Mesozóica nunca me parecera tão assustadora. O que havia à minha frente era a festa do pijama da terceira idade. Mais um pouco e os casais começariam a rodar ao som de uma orquestra dos anos 1940. *Os sonhos mais liiiiindos sonhei...*

Mais uma vez, senti o peso da idade. Eu já não era o garotão que percorria apressado os pastos da Bodoquena.

Outra sirene tocou. Era o corpo de bombeiros se aproximando. A cozinha de um dos apartamentos estava em chamas, e nós ali, de madrugada, ilhados no salão de baile, a poucas horas da minha braquiterapia.

Quando a situação se normalizou e os condôminos foram liberados para voltar a seus apartamentos, já não consegui dormir. O dia se aproximava, aflito, nervoso, carregado de esperança.

Você entra de manhã e sai à tarde, dizia Kalnicki.

Eu mal podia esperar.

Capítulo 8
Todo cuidado é pouco

Não há vacina para o câncer de próstata nem receita para evitá-lo. Alguns sinais, no entanto, ajudam os homens a se preparar para o combate, permitindo que eles estejam de tocaia quando o tumor maligno aparecer. Ao mesmo tempo, certas regras de ouro podem atrasar a chegada do câncer e conter sua marcha.

Embora a ciência, apesar de todos seus avanços, ainda não tenha descoberto as causas do câncer e não seja capaz, até agora, de referendar métodos preventivos com total eficácia, sabe-se que determinados fatores influenciam o surgimento do tumor maligno e sua evolução. Alguns, inatos, permitem calcular o risco de desenvolvimento da doença e justificam a realização de exames ainda mais precoces. Outros, submissos à manipulação humana, instigam à adoção de novos hábitos alimentares e convocam os homens a empreender uma verdadeira revolução de comportamento.

Entre os fatores de risco inatos estão aspectos étnicos e hereditários, bem como a qualidade e a quantidade dos hormônios sexuais. Entre os fatores que podem ser prevenidos, instigados ou inoculados, os principais são o ambiente e a dieta.

Histórico familiar

O desenvolvimento do câncer de próstata, como o de outros tumores, está relacionado a mutações em determinados cromossomos que podem preservar suas características mutantes de geração em geração.

Hoje sabe-se que a doença incide com maior freqüência em pessoas com histórico familiar positivo, ou seja, que tiveram parentes acometidos pelo mesmo mal. Quanto mais próximo o parentesco, maior o risco. Quanto maior o número de familiares com a doença, maior a chance de haver um fator hereditário envolvido. Para esses indivíduos, recomenda-se a realização de exames de rotina a partir dos 40 ou 45 anos, e não apenas após os 50 como é sugerido para a população em geral.

Recentemente, alguns pesquisadores da Universidade de Maastrich (Holanda) e da Universidade de Nova York (EUA) fizeram uma revisão de 33 estudos epidemiológicos realizados previamente com cerca de 200 mil pacientes do mundo todo e concluíram que o filho de alguém que teve câncer de próstata tem risco duas vezes maior de desenvolver a doença do que o indivíduo sem nenhum caso na família. Da mesma forma, a probabilidade de ter câncer de próstata é 3,3 vezes mais alta quando a doença foi diagnosticada em um irmão e cinco vezes mais alta quando diagnosticada em dois irmãos (ou o pai e o irmão), como mostra o gráfico na página ao lado.

Câncer de próstata e histórico familiar

Risco de desenvolvimento da doença conforme o número de casos na família em relação ao indivíduo sem histórico familiar

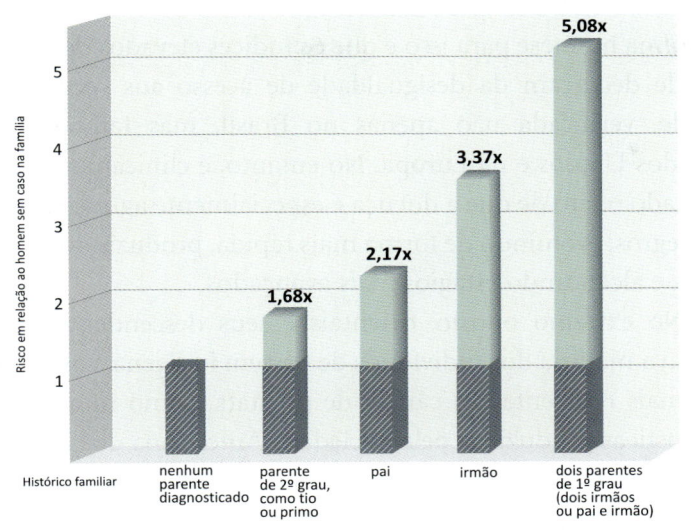

Histórico familiar	Risco
nenhum parente diagnosticado	1
parente de 2º grau, como tio ou primo	1,68x
pai	2,17x
irmão	3,37x
dois parentes de 1º grau (dois irmãos ou pai e irmão)	5,08x

Fonte: Mauric Zeegers et al, in: American Cancer Society, Familial prostate cancer meta-analysis of risk survey of screening behavior. Estudo realizado pela Universidade de Maastricht, Holanda, e Universidade de Nova York, EUA, 2003.

Aspectos étnicos

O *apartheid* racial do câncer não se combate com eleições diretas, mas com educação e campanhas de saúde.

Diferentes pesquisas comprovaram que o risco de câncer de próstata é maior entre os negros do que entre os brancos. Mesmo quando se analisou a população de um único país, cuidando-se para que negros e brancos tivessem idades compatíveis e hábitos alimentares semelhantes, ainda assim a incidência da doença se mostrou, em média, 60% maior entre os negros. Em algumas regiões dos Estados Unidos, essa diferença chega a 80%.

Os afrodescendentes também costumam apresentar a doença mais cedo, o que corrobora a recomendação para que façam exames de PSA já a partir dos 40 ou 45 anos. Os negros também morrem mais freqüentemente em decorrência do câncer de próstata e têm sobrevida menor.

Uma hipótese para isso é que os índices elevados de mortalidade decorram da desigualdade de acesso aos serviços de saúde, verificada não apenas no Brasil, mas também nos Estados Unidos e na Europa. No entanto, é clinicamente confirmado o fato de que a doença é especialmente agressiva entre os negros, evoluindo de forma mais rápida, produzindo metástases e alcançando estágios mais avançados.

No extremo oposto, orientais e seus descendentes, bem como a maioria dos indivíduos de origem indígena, costumam ser mais resistentes ao câncer de próstata, como mostram as estatísticas produzidas pela Sociedade Americana de Câncer.

Novos estudos sugerem que a habitual vantagem dos grupos autóctones é suavizada quando o indivíduo abandona suas raízes, migra para uma nova região e adota hábitos alimentares e de comportamento dos novos grupos. Em outras palavras, ao assimilar a dieta dos brancos e serem incorporados à vida urbana, indígenas passam a apresentar a doença com a mesma freqüência dos colonizadores, da mesma forma que a vantagem dos orientais é reduzida entre os nisseis criados nos Estados Unidos. Apenas os negros se mantêm como grupo preferencial de risco em todas as regiões pesquisadas, inclusive na comparação com os brancos que habitam o mesmo bairro e praticam os mesmos hábitos.

Tais pesquisas desencadearam uma sistemática revisão dos trabalhos anteriores e fizeram com que parte da comunidade científica reduzisse a importância dada à etnia propriamente dita e passasse a focar seus estudos no ambiente e nos hábitos alimentares, como veremos a seguir.

Câncer de próstata e grupos étnicos

Número de diagnósticos e óbitos por ano a cada 100 mil habitantes conforme a etnia nos Estados Unidos (1999 a 2003)

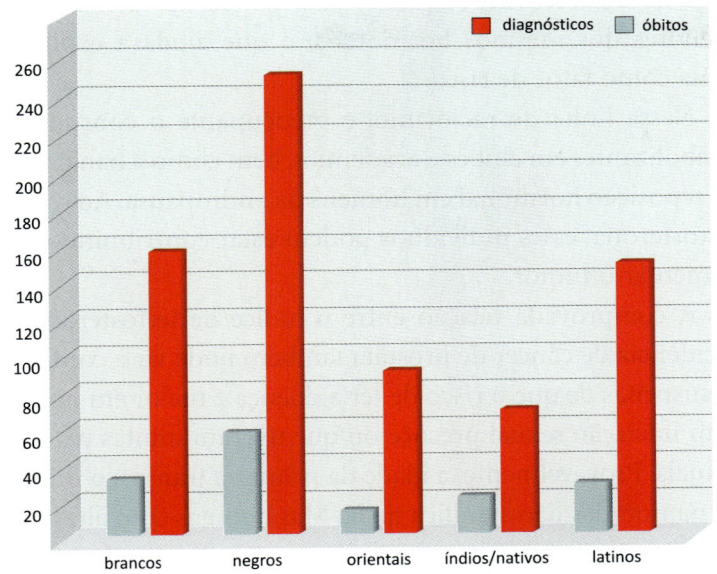

Fonte: CA: A Cancer Journal for Clinicians, da Sociedade Americana de Câncer, 2006.

Hormônios

As células prostáticas, benignas ou malignas, alimentam-se dos hormônios sexuais masculinos, como a testosterona. Privar a glândula desses hormônios, como já vimos, é o princípio da hormonoterapia, adotada como tratamento *standard* da doença em estágio avançado, seja ela realizada por meio da castração cirúrgica ou por meio do consumo de antiandrógenos.

Diversos fatores fazem crer que os níveis de testosterona e a qualidade desses hormônios têm relação com a incidência da doença. Sabe-se, por exemplo, que homens castrados antes da puberdade dificilmente desenvolvem câncer de próstata. Sabe-se também que os negros costumam apresentar índices mais altos de testosterona, enquanto os orientais apresentam taxas menores dos mesmos hormônios, o que ajuda a explicar a etnia como fator de risco.

Nessa linha de raciocínio, é preocupante o consumo de anabolizantes em clubes e academias, bem como a banalização da reposição hormonal em homens na andropausa. Ao receber testosterona, esses indivíduos podem estar contribuindo para alimentar o tumor.

A comprovada relação entre o índice de testosterona e a incidência de câncer de próstata também pode vir a confirmar as suspeitas de que o risco de ter a doença é maior em homens com iniciação sexual precoce ou que tiveram muitas parceiras sexuais. Provavelmente, a idade da primeira transa e o número de namoradas não significa nada. Mas homens com altas taxas de testosterona tendem a transar antes e com maior freqüência do que os demais, de modo que é o hormônio, e não o comportamento sexual, que interfere nessa conta.

Ambiente

Quando analisados os registros de diagnósticos e óbitos em razão da doença em diversos países, percebemos uma enorme discrepância.

O gráfico a seguir não apresenta as estatísticas dos países africanos, especialmente vitimados não apenas pelo fator étnico, mas também pela escassez de recursos e pela fragilidade das campanhas de saúde. Também não inclui os dados referentes ao Brasil. Ainda assim, ele nos permite vislumbrar diferenças gritantes que não têm necessariamente a ver com a cor

Câncer de próstata no mundo

Número de óbitos em razão da doença a cada 100 mil habitantes em vinte países selecionados, conforme registros realizados entre 1986 e 1988

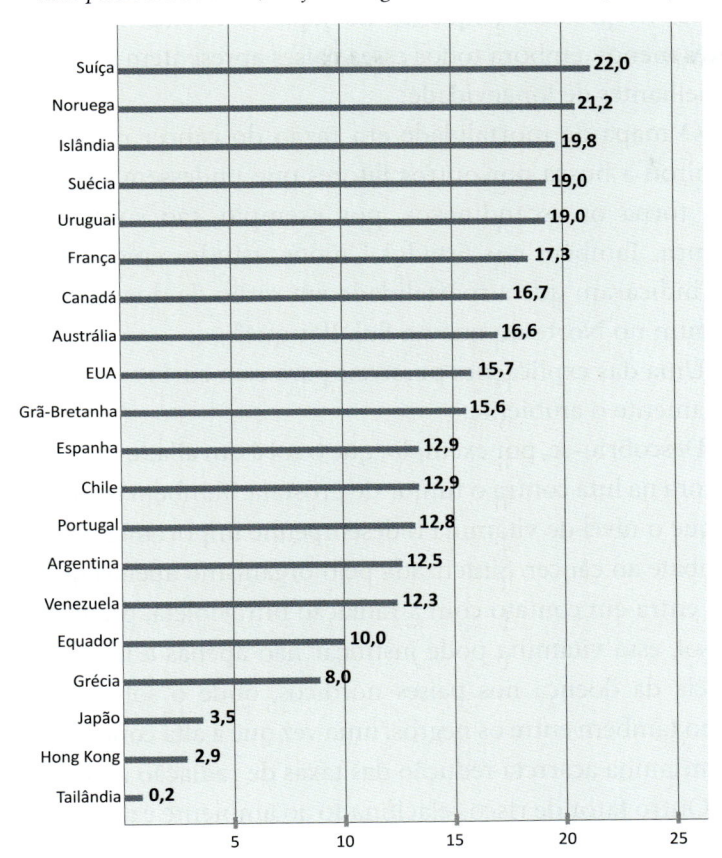

Suíça	22,0
Noruega	21,2
Islândia	19,8
Suécia	19,0
Uruguai	19,0
França	17,3
Canadá	16,7
Austrália	16,6
EUA	15,7
Grã-Bretanha	15,6
Espanha	12,9
Chile	12,9
Portugal	12,8
Argentina	12,5
Venezuela	12,3
Equador	10,0
Grécia	8,0
Japão	3,5
Hong Kong	2,9
Tailândia	0,2

Fonte: *CA: A Cancer Journal for Clinicians*, da Sociedade Americana de Câncer, 1992.

da pele, a renda *per capita* ou o índice de desenvolvimento humano das populações.

Suíça e Noruega são países abastados, com ótimos serviços de saúde e pouquíssimos negros. Por que ocupam essa desconfortável liderança? Por que, nos países escandinavos, há vinte óbitos a cada 100 mil habitantes por ano em decorrência do câncer de próstata enquanto no Japão a doença mata cinco vezes menos, embora todos esses países apresentem estatísticas semelhantes de longevidade?

O mapa de mortalidade em razão do câncer de próstata inspirou a busca por outros fatores que pudessem explicar o que torna os escandinavos, por exemplo, tão suscetíveis à doença. Também nos Estados Unidos, estudos epidemiológicos indicaram que a mortalidade em razão da doença é mais comum no Norte do que no Sul. Por quê?

Uma das explicações possíveis para essa curiosa variação é justamente o ambiente.

Descobriu-se, por exemplo, que o sol é um aliado de primeira hora na luta contra o tumor de próstata. Também há indícios de que o nível de vitamina D desempenhe importante papel no combate ao câncer. Sintetizada pelo organismo apenas quando este entra em contato com a radiação ultravioleta, proveniente do sol, essa vitamina pode justificar não apenas a maior incidência da doença nos países nórdicos, onde o sol é escasso, como também entre os negros, uma vez que a alta concentração de melanina acarreta redução das taxas de radiação absorvida.

Outro fator de risco relacionado ao ambiente é a exposição constante a substâncias químicas de uso industrial ou agrícola. Alguns estudos mostraram que o cádmio, elemento químico presente em pilhas e utilizado na produção de cigarros, exerce influência cancerígena, para azar dos trabalhadores de indústrias que o utilizam como insumo.

Suspeitas semelhantes recaem ainda sobre determinados tipos de pesticidas e fertilizantes, tornando o ambiente rural igualmente maléfico, embora nada tenha sido comprovado nesse sentido.

Finalmente, os hábitos alimentares adotados em cada um desses países e praticados nas diferentes culturas, diferindo-se de forma substancial de um grupo para outro, implicam, provavelmente, o mais relevante de todos os fatores de risco.

Dieta

Não bastasse a maior propensão dos obesos a ter diabetes, hipertensão, cardiopatias graves e acidentes vasculares, também o câncer de próstata é mais comum entre eles.

Estudo realizado pelo M. D. Anderson Cancer Center, da Universidade do Texas (EUA), mostrou que a doença incide com maior freqüência em homens que ganham mais de um quilo por ano. Nesses indivíduos, o tumor costuma ser mais agressivo e a recidiva é mais comum.

A gordura é o grande vilão. Não apenas o diagnóstico é mais comum entre os indivíduos com dieta rica em gordura, como a agressividade do tumor costuma ser maior entre eles, principalmente quando a maior parte dessa gordura é de origem animal. Isso também ajuda a explicar a baixa incidência da doença em países como o Japão e o alto índice de mortalidade na Escandinávia e nos Estados Unidos, onde impera uma cultura alimentar excessivamente gordurosa.

Pesquisa realizada em 1995 na Escola de Medicina de Harvard pela equipe de Edward Giovannucci comparou, ao longo de quatro anos, a evolução do câncer de próstata em homens que ingeriam 30 gramas de gordura proveniente de carne vermelha por dia e em homens que consumiam apenas três gramas diárias desse mesmo tipo de gordura. Ao término do estudo, concluiu-se que a chance de desenvolver câncer avançado ou morrer em razão da doença era duas vezes e meia maior no primeiro grupo.

Naquele mesmo ano, a publicação do resultado de um curioso estudo realizado no Memorial Sloan Cancer Center, de Nova York, confirmou a suspeita. Foram introduzidas células humanas de câncer de próstata em camundongos e, em seguida, os animais foram submetidos a uma dieta em que as gorduras totais representavam 40,5% das calorias ingeridas. Quando os tumores atingiram determinado volume, os ratos foram divididos em cinco grupos, submetidos a dietas diferentes, nas quais a taxa de gordura representava 40,5%, 30,8%, 21,2%, 11,6% e 2,3% das calorias. Observou-se, então, que a evolução do tumor manteve-se igualmente veloz nos dois primeiros grupos, enquanto os três grupos de camundongos com dieta menos gordurosa tiveram queda nas taxas de PSA e redução no tamanho dos tumores.

"Há uma teoria interessante para isso", explica o urologista Miguel Srougi, da Universidade de São Paulo. "Entre as características do câncer de próstata está a produção de uma enzima chamada racemase, que tem a capacidade de transformar gordura em energia. Em um indivíduo obeso, com muito substrato de gordura, a racemase encontra matéria-prima suficiente para produzir ainda mais energia, o que faz com que ela cresça e se reproduza além do normal, tornando o câncer mais agressivo."

Outra hipótese é a de que o nível de hormônios masculinos cresce proporcionalmente ao consumo de gordura, de modo que as células cancerosas são superalimentadas com testosterona a cada churrasco e a cada porção de manteiga.

Mesmo que a influência da gordura sobre as células do câncer ainda não esteja plenamente descrita, recomenda-se controlar o cardápio a fim de impedir que as gorduras totais superem 20% das calorias ingeridas. As gorduras animais devem se restringir a 10% da dieta. Também vale a pena substituir a carne vermelha por peixe com freqüência.

O ômega-3, ácido graxo encontrado em peixes (principalmente em espécies de mares gelados, como atum, salmão, sardinha e anchova), inibe o crescimento das células prostáticas. Segundo um estudo concluído em 2001 no Karolinska Institute, em Estocolmo (Suécia), a incidência de câncer de próstata foi duas vezes menos comum entre os homens que tinham o hábito de consumir peixe em comparação com quem sempre recusou, sistematicamente, o produto. Ao mesmo tempo, a mortalidade em razão da doença foi três vezes menor.

Os mesmos peixes foram objeto de outro estudo, realizado na Escola de Medicina de Harvard (EUA). Em 2003, pesquisadores do Departamento de Nutrição, que haviam analisado a dieta de 47.882 homens ao longo de doze anos, apontaram algumas implicações do consumo habitual de peixe. A análise dos hábitos alimentares foi cotejada com os problemas de saúde apresentados pelos homens pesquisados, entre eles o câncer de próstata. Conclusão: aqueles que consomem mais de três porções de peixe por semana têm risco 7% menor de ter câncer de próstata do que aqueles que o consomem menos de duas vezes por mês. O risco de diagnosticar um câncer de próstata avançado é 17% menor e o risco de produzir metástases é 40% menor.

Além de incorporar atum e salmão à dieta, vale a pena atentar para outros alimentos igualmente eficazes na prevenção e no controle da doença. A soja é um deles. Largamente consumida no Oriente, a soja foi minuciosamente examinada por estudiosos do câncer de próstata. Verificou-se que as isoflavonas, substâncias encontradas na soja, desempenham atividade semelhante à promovida pelo estrógeno, inibindo o crescimento das células prostáticas, tanto benignas quanto malignas. Duas das isoflavonas – a genisteína e a daidzeína – também inibem a angiogênese, nome dado à formação dos vasos sangüíneos necessários para a irrigação e a alimentação do tumor.

Derivados de soja como o queijo (tofu) e o leite desempenham o mesmo benefício que a soja *in natura*. Um estudo de 1998, realizado com 12,4 mil americanos, mostrou redução em 70% do risco de câncer de próstata nos homens que consumiam leite de soja mais de uma vez ao dia.

O intenso consumo de soja no Oriente – cerca de noventa vezes superior ao verificado nos Estados Unidos – é considerado mais um fator capaz de explicar a baixa incidência do câncer de próstata nos países do Leste. E, acima de tudo, a baixa mortalidade em razão da doença.

O tomate e seus derivados – em especial quando produzidos por meio do processamento do fruto – têm demonstrado eficácia na prevenção do câncer de próstata. Segundo Edward Giovannucci, quem consome tomate mais de dez vezes por semana tem 35% menos chance de desenvolvimento da doença do que a população habituada a menos de seis porções mensais.

Outro estudo, realizado entre 1976 e 1988 na Loma Linda University, na Califórnia, comparou os hábitos alimentares de 34 mil americanos e mostrou resultados ainda mais animadores: consumir tomate mais de cinco vezes por semana reduz em 40% o risco de câncer de próstata em comparação com os homens que ingerem menos de uma porção semanal.

A proteção oferecida pelo tomate parece estar relacionada ao licopeno, substância que dá a cor avermelhada ao alimento. Como outros carotenos (corantes naturais presentes em frutas, verduras e legumes), o licopeno possui intensa propriedade antioxidante. Em outras palavras, ele ajuda a neutralizar a ação de radicais livres: átomos e moléculas que, em excesso, promovem dano celular e podem estar associados ao surgimento de diferentes doenças.

O licopeno, considerado um antioxidante natural de grande eficácia, especialmente na luta contra o câncer, é encontrado também em outros frutos de cor vermelha, como goiaba, pitanga e melancia, embora a maior fonte ainda seja o tomate, especialmente quando maduro. Segundo os alemães Wilhelm Stahl e Helmut Sies, há entre 30 e 70 miligramas de licopeno em cada quilo de tomate cru, conforme a espécie e o grau de maturação, enquanto a mesma quantidade de ketchup apresenta 100 miligramas do antioxidante. No entanto, é no suco de tomate que se encontra a maior concentração de licopeno, superior a 150 mg/kg.

A função preventiva do licopeno tem sido questionada por alguns estudos mais novos, que indicaram sua ineficácia quando administrado isoladamente. O achado fez nascer a teoria de que é o tomate integral (e não apenas o licopeno) o grande adversário do câncer. Isso significa que, antes de pensar em uma suplementação nutricional à base de licopeno, a dica é investir no consumo de tomate, esteja ele no cachorro-quente, na pizza, na macarronada ou no vinagrete.

Finalmente, cientistas do Fred Hutchinson Cancer Research Center, de Seattle, analisaram os efeitos de diferentes bebidas alcoólicas em um grupo de 1.456 homens de 40 a 64 anos durante oito anos e constataram que, se o consumo exagerado de cerveja aumenta o risco de ter câncer de próstata, o consumo moderado de vinho tinto pode ser benéfico. A incidência da doença foi 52% menor entre os homens que bebiam de quatro a sete taças por semana, uma notícia digna de um brinde: tintim!

Medicina complementar, ou alternativa

Quando alguém sugere a adoção de chás e cápsulas exóticas como remédios contra o câncer, médicos das mais diferentes especialidades costumam torcer o nariz. Muitas vezes, esses chás e essas cápsulas têm o mesmo poder curativo de uma oração a São Judas Tadeu ou uma promessa a São Benedito: podem funcionar, mas o resultado depende, acima de tudo, da fé do paciente.

Por via das dúvidas, é bom não escorregar na terapia convencional. A recomendação é sempre a mesma: use todos os artifícios que o façam se sentir melhor, mas não deixe de cumprir o tratamento combinado com seu médico. Medite, reze, mergulhe em águas sulfurosas, passe as férias em um monastério budista, visite a estátua do padre Cícero, percorra de joelhos o caminho de Santiago de Compostela, compre uma figa, vá a um terreiro, engula as pílulas de frei Galvão, pendure um patuá no pescoço, espalhe sal grosso por todos os cantos da casa e amarre no pulso a medida do Senhor do Bonfim. Mas sempre escute seu oncologista e não deixe de alertá-lo sobre qualquer substância que você venha a ingerir –

algumas podem interferir nos resultados dos demais procedimentos adotados.

É possível que alguns chás e pílulas tidos como milagrosos tenham, de fato, a capacidade de retardar o avanço da doença e reduzir as dimensões do tumor. Conhecendo as qualidades medicinais de plantas e raízes diversas, curandeiros podem manipular os princípios ativos e concentrar, em um único copo ou comprimido, substâncias auxiliares no combate ao câncer de próstata com efeitos semelhantes aos das isoflavonas (presentes na soja) e dos antioxidantes encontrados no tomate. Outras vezes, o suposto curandeiro apenas se aproveita da boa-fé do paciente para lhe empurrar, a peso de ouro, uma cartela repleta de placebos.

É prudente desconfiar sempre, mas a validade dos métodos alternativos não pode ser de todo descartada – ao menos enquanto a ciência não tiver analisado todas as substâncias disponíveis.

Atualmente, muitas pesquisas têm sido feitas sobre as qualidades medicinais de ervas e cogumelos que até recentemente eram vistos como formas prosaicas de enganação. O chá verde, produzido na Ásia com folhas não fermentadas de chá (*Camellia sinensis*), talvez seja o exemplo mais evidente de que é preciso avaliar o tema de maneira isenta. Desde o final dos anos 1990, sabe-se que os polifenóis encontrados na bebida inibem o crescimento das células do câncer de próstata e podem levá-las à morte.

Já a espécie de cogumelos conhecida como *Ganoderma lucidum*, usada na China para o tratamento de diferentes doenças, tem sido amplamente estudada desde 1980. Ainda não há conclusões acerca do assunto, mas diversos trabalhos produzidos com seriedade atribuem propriedades imunoterapêuticas e antitumorais a certos polissacarídeos encontrados no cogumelo.

Como os antiandrógenos usados na hormonoterapia, tais cogumelos teriam a capacidade de conter o crescimento dos tumores e adiar o surgimento de metástases. Por esse motivo, são tradicionais no Oriente certas cápsulas que contêm um extrato em pó do tal ganoderma.

Embora a maioria dos médicos ocidentais ainda olhe com ressalvas para essas pílulas, elas já foram aprovadas pelo governo japonês como terapia complementar contra o câncer. Por aqui, resta aos pacientes interessados buscar suas caixas na China.

Outras pílulas adotadas no combate ao câncer de próstata – estas, sim, aprovadas e recomendadas por muitos médicos brasileiros – são os suplementos de selênio e vitamina E.

Estima-se que a vitamina E seja usada, hoje, por pelo menos 15% dos homens em tratamento, enquanto o selênio é adotado como terapia complementar por 10% dos pacientes.

A vitamina E é encontrada na natureza em alimentos ricos em óleos vegetais, como abacate, castanhas, azeitonas, soja e cereais. Pesquisa feita entre 1990 e 1997 com 29 mil homens na Finlândia mostrou que o uso suplementar de 50 miligramas diárias de vitamina E ao longo de sete anos reduziu em 32% a incidência do câncer de próstata e em 41% o número de óbitos em decorrência dele. Hoje admite-se como terapia adjunta a ingestão diária de uma cápsula com 400 miligramas de vitamina E, vinte vezes mais do que um indivíduo é capaz de absorver apenas com a alimentação.

O selênio, por sua vez, é um mineral com função antioxidante capaz de, segundo as pesquisas, reduzir em até 63% o risco de câncer de próstata quando ingerida uma dose suplementar de 200 microgramas ao dia – o equivalente a três vezes

Dieta contra o câncer de próstata	
Alimento	*Quantidade recomendada*
Gorduras totais	Devem ser responsáveis por menos de 20% das calorias diárias. A gordura de origem animal não deve ultrapassar 10% das calorias.
Peixes	Pelo menos duas refeições por semana, privilegiando-se os peixes de águas geladas, como o atum e o salmão.
Soja	Duas colheres de sopa por dia ou porções equivalentes de derivados, como o leite de soja e o tofu (queijo).
Tomate	No mínimo cinco porções por semana, privilegiando-se os tomates maduros, de vermelho intenso, e os molhos processados, nos quais há mais licopeno.
Chá verde	Não há uma quantidade específica.
Vinho tinto	Quatro a sete taças por semana.
Vitamina E (suplemento)	400 mg por dia. Em sua forma natural, está disponível em alimentos ricos em óleos vegetais (abacate, oliva, cereais, castanhas...).
Selênio (suplemento)	200 mcg por dia. Em sua forma natural, está disponível em carnes, ovos, frutos do mar e vegetais cultivados em solo rico em selênio.

o valor de referência indicado aos adultos. Em sua forma natural, é encontrado em legumes, verduras e grãos cultivados em solo rico em selênio, o que não é característica da lavoura brasileira. Frutos do mar, carne e ovos também contêm quantidades variáveis do mineral.

Recomendações

Com tantas pesquisas na área e tão evidentes associações entre os alimentos e o câncer de próstata, é possível sugerir uma dieta altamente eficaz na prevenção e no combate à doença.

Antes de ler o próximo capítulo, observe a tabela anterior com atenção e procure seguir as dicas.

Devidamente alimentado, lembre-se de adotar outros hábitos saudáveis que possam ajudá-lo a prevenir o câncer de próstata e a conter seu avanço. Exercite-se, tome sol, não fume, não use anabolizantes, perca peso e, acima de tudo, faça exames regularmente, principalmente se você for negro ou tiver um histórico familiar positivo – o que, no caso, é algo bastante negativo.

Tudo o que fizer pode ser de grande serventia nessa guerra.

Capítulo 9
Batalha-naval

Eram sete e meia da manhã quando Tadeu passou para me buscar. Havia chegado a hora. O novo dia D: 5 de junho de 2003.

Entrei no carro com o mesmo nervosismo que assombra um jovem marinheiro ao tomar acento em um submarino de guerra. Fechar a escotilha é fácil; difícil é saber se estaremos vivos para abri-la novamente depois da missão.

Aproximava-me do Shadyside Hospital como quem se prepara para desembarcar na Normandia. Contava os minutos para me ver livre daquela rotina de exames, consultórios e hospitais. E sabia que minhas últimas fichas seriam apostadas antes do início da tarde.

Os instantes que precedem um golpe decisivo são sempre tensos. Um passo em falso pode significar a derrota. No carro, eu tentava prever em detalhes o que o dia me reservava, como se o simples fato de mentalizar cada etapa do processo contribuísse para que tudo corresse bem.

Você entra de manhã e sai à tarde, cantarolava Shalom Kalnicki em meus ouvidos.

Leigo no assunto, eu me concentrava na voz do médico – um veterano naquela praça de guerra – e me esforçava para abreviar a tensão, embora não soubesse como agir a caminho do *front*.

O que fazia Napoleão duas horas antes de uma batalha? Bebericava, confiante, uma dose de conhaque? Ou andava em círculos, fazendo o assoalho ranger sob as botas? O que teria dado errado em Waterloo?

Em que pensava o piloto americano Paul Tibbets ao lançar, em junho de 1945, a primeira bomba atômica? Admirou, surpreso, o maior cogumelo do mundo? Ou envergonhou-se, ao assistir, do avião, ao desaparecimento de Hiroshima?

Na Palestina, as mãos de um homem-bomba costumam tremer ao acionar o detonador? O que vêem seus olhos? Maomé? Alá? A esposa? Os filhos? Apenas escombros?

A caminho do Shadyside Hospital, eu só tinha ouvidos para os ruídos da guerra. Meus olhos percorriam outras paisagens. De fato, não era Pittsburgh que eu via da janela. O que eu via eram vigas de madeira: a barriga do cavalo de Tróia. Quando aquela escultura gigantesca, deixada pelos gregos junto à muralha, foi arrastada para dentro da cidade pelos troianos, levava em seu bojo uma porção de guerreiros liderados por Ulisses. A estratégia era esperar a madrugada para saltar do cavalo e, sorrateiramente, abrir os portões de Tróia, permitindo a invasão do exército, que aguardava escondido do lado de fora. Enquanto os súditos de Príamo, iludidos com a aparente retirada dos inimigos, comemoravam a vitória com festa ao redor do fogo, os gregos permaneceram ali, na escuridão silenciosa daquela barriga. No cavalo, só lhes restava esperar. Nada a fazer, a não ser preparar-se para o bote.

Logo, logo, eu também daria meu bote. E ele teria de ser perfeito.

As sementinhas de iodo seriam o meu cavalo de Tróia. Sem alarde, penetrariam as muralhas da minha próstata como um presente de grego e venceriam o tumor em pleno território inimigo. Era minha única chance. E eu me agarrava a ela.

Naquela missão, não haveria espaço para trégua, acordos de paz ou negociações diplomáticas. Não existe diálogo com o câncer. E eu sabia que, a partir daquele momento, a vitória não dependeria apenas de mim. Ao contrário, a luta contra a doença é uma guerra complexa, cheia de artifícios, na qual nem sempre o adversário mais bem preparado leva a melhor.

Às vezes, o tambor emperra e a bala não é disparada.

Às vezes, o tiro atinge o alvo, mas nada acontece, pois as balas são de festim.

Às vezes, o oponente finge-se de morto, mas pode ressurgir com fúria, alvejando-nos no exato momento em que damos as costas para ele.

De uma forma ou de outra, eu tinha de fazer minha parte. E caminhava a passos rápidos para o duelo final.

Chegamos.

Ao cruzar o saguão de entrada, abordei uma recepcionista.

– Você não teria algumas caixas de Viagra para me fornecer?

As pílulas azuis, lançadas havia pouco, eram a última palavra no combate à impotência. Homens de todas as idades, com ou sem disfunções sexuais, corriam para provar aquela novidade, entusiasmados com a idéia de ter a mais plena e duradoura ereção de suas vidas. Sobravam piadas sobre o assunto, de modo que eu também me senti compelido a fazer a minha, apenas para ver qual seria a reação da recepcionista. Ela sorriu. Disse que não tinha liberdade para fornecer medicamentos e me instruiu a procurar o urologista de plantão.

Tadeu não se conformava:

– Camargo, só você para fazer piada numa situação dessas...

Ora, Tadeu, para que serve a piada senão para nos ensinar a rir de nós mesmos? Nunca estive em uma guerra, mas imagino que toda diversão contribua para tornar uma campanha suportável. Por isso, a maioria dos soldados joga baralho, ouve rádio enquanto limpa os coturnos e troca cigarros por revistas masculinas. Se o Shadyside Hospital seria meu quartel-general, algum grau de irreverência seria muito bem-vindo.

Além disso, as palavras do dr. Kalnicki me acalmavam. Conforme ele havia dito, eu imaginava que entraria em uma sala, sentaria em uma espécie de cadeira de dentista e, em poucos minutos, sairia dali do jeito que entrei, andando e fazendo piada. Minha convicção sobre a simplicidade do procedimento estava prestes a ruir. E eu nem sequer imaginava.

Fui conduzido a um salão no qual se reuniam os clientes do *day hospital*, ou seja, os pacientes que, embora não estivessem internados, também seriam submetidos a algum procedimento cirúrgico, não necessariamente a braquiterapia, e receberiam alta no fim da tarde. Cerca de doze baias, dispostas estrategicamente ao redor de um posto médico, serviam de abrigo aos pretendentes a uma mesa cirúrgica. De quando em quando, alguém era chamado. E a fila andava.

As baias funcionavam como uma espécie de entreposto comercial, onde todos aguardavam a visita do fiscal da receita e a liberação da mercadoria. Veio uma moça com cara de bedel, colocou uma pulseira de identificação em meu braço e me estendeu uma prancheta. Primeiro desafio: preencher um formulário. Tipo sangüíneo, cirurgias prévias, nome e categoria do plano de saúde. Quem comunicar em caso de emergência. Não nos responsabilizamos por isso e aquilo. A lista de quadradinhos nos quais eu deveria assinalar um x era interminável. Parecia um contrato de locação de automóvel. Marca e modelo? Ar-condicionado? Quilometragem livre? Gostaria de ficar com o veículo de sexta a domingo pagando apenas uma diária? Gostaria de receber nossa *newsletter*?

Preenchido o formulário, pus-me a analisar o ambiente. O cenário não tinha nada a ver com as belas clínicas que a gente vê nos filmes. O ritmo era frenético. Médicos e enfermeiras batiam cartões e saíam apressados quando o relógio indicava a troca de turno. Não havia cafezinho nem tempo a desperdiçar com conversa fiada. Música ao vivo? Somente o rangido das rodinhas das macas em trânsito pelos corredores.

Benoit e Kalnicki passaram para me ver. Um anestesista também veio me entrevistar, mas fez questão de informar que em breve seu plantão acabaria e o bastão seria passado para outro. Como fazem os atores nos camarins dos teatros, era ali, naquelas baias, que os pacientes se preparavam para entrar em cena. Em breve, alguém viria me buscar e me acompanharia através das coxias. Alguns levavam meia hora para ser liberados. Outros, uma hora inteira. Eu, azarado, esperei por mais de quatro horas.

Finalmente, já de avental, fui conduzido até o palco, ou melhor, até um enorme centro médico. No lugar da cadeira de dentista, uma monstruosa mesa cirúrgica cercada por uma infinidade de lâmpadas e instrumentos de alta tecnologia. Em vez de uma sala discreta, com a presença de três ou quatro pessoas, um vasto salão, com gente espalhada por bancadas, fazendo seu trabalho em uma dezena de computadores.

Fui acomodado na mesa e permaneci ali, reclinado, observando aquela movimentação. *Que lugar é esse? Para onde me levarão agora?*

De repente, meu olhar cruzou com o de uma jovem. Seu rosto bonito me encarava, curioso. Ao notar meu desconforto diante do entra-e-sai de jalecos, ela se aproximou e sorriu. Sua voz era nítida como a língua natal:

– De onde você é?

– Ah, você fala português?! – eu me surpreendi.

– Sou brasileira.

– E o que você está fazendo aqui?

– Vim para um estágio.

Melhor, impossível. Aquela estagiária deveria estar acostumada à rotina de uma braquiterapia e poderia solucionar todas as minhas dúvidas, sem rodeios e em bom português. Um cicerone melhor que o Virgílio, de Dante, naquele movimentado purgatório.

– Onde vai ser meu procedimento?

– Aqui.

– Aqui? Isto é uma sala cirúrgica?

– Exatamente.

– E com toda essa gente em volta?

– Falta gente ainda – ela sorriu mais uma vez. – Falta o físico.

O físico. Onde estaria o físico àquela hora? Nada poderia ser feito enquanto o físico não chegasse. Atirador de elite, apenas ele poderia alvejar minha próstata da maneira correta, sem ferir reféns e matar inocentes. Se havia uma peça fundamental naquele tabuleiro, essa peça era justamente o físico.

Na verdade, eu imaginava que apenas o físico assumiria as rédeas do procedimento e faria tudo sozinho. Ou quase. Para que uma equipe tão grande? Anestesista, urologista, radiologista, físico, enfermeiras, assistentes... Somente ao redor da maca havia cerca de oito pessoas. Tanta gente assim era sinal de que o procedimento não seria tão simples como eu havia previsto.

Comecei a suar. Embora menos invasiva do que a prostatectomia radical, a braquiterapia é também uma forma de cirurgia: uma intervenção feita por meio de aparelhos. Provavelmente, haveria sangue, como na biópsia. E em vez de dez ou catorze alfinetadas, minha próstata seria cravejada com mais de noventa balas. O que, afinal, eu estava esperando? Uma massagem? Um shiatsu no abdome?

A percepção de que os próximos minutos seriam tensos me fez engolir em seco.

— Posso tomar uma taça de vinho? — tentei pedir à jovem brasileira de belo sorriso. Mas não houve tempo de registrarem meu pedido. No lugar da bebida, um garçom de jaleco me serviu uma seringa. Levei uma picada e apaguei.

B9! — Porta-aviões.

F12! — Submarino.

O3! — Água.

Era o início da mais longa batalha-naval da minha vida e eu nem sequer pude assistir a ela.

D7! — Encouraçado.

L5! — Hidroavião.

G13! — Cruzador.

M1! — Água.

Acordei às quatro horas da tarde em uma sala de recuperação. Ao meu redor, outras três pessoas ainda dormiam nas macas.

Nada mais decepcionante do que despertar de um sono profundo e perceber que você perdeu o melhor do filme. Bem na hora em que o mocinho vence o bandido, em que a tropa estoura o cativeiro e resgata a jovem refém, em que o grande mistério é revelado e o casal de galãs se une em um beijo onírico, você não está lá para ver.

Foi o que aconteceu comigo. Acordei louco para saber o final da novela: *Quem matou o vilão? Quem casou com a mocinha? Que fim levou minha próstata?*

Haviam sido introduzidas 92 cápsulas de iodo 125. O que eu tinha sob a bexiga, agora, era uma bola de pingue-pongue cravejada com 92 minúsculos alfinetes de metal. Pensando bem, não deve ser nada fácil estacionar 92 sementes em tão pouco espaço.

Tadeu foi chamado.

– Seu pai acordou – disseram-lhe, tomando-o por meu filho.

Meus gestos ainda eram lentos, preguiçosos, como os de alguém que espera a sesta depois de se refestelar em um banquete. Apesar da palidez e dos olhos vermelhos, no entanto, eu me sentia muito bem. Curtia uma sensação gostosa, como se acabasse de concluir a mais difícil tarefa da minha vida. Se havia um tumor dentro de mim, eu acabara de derrotá-lo.

E agora, o que nos restava fazer? Ir para casa, como dissera o dr. Kalnicki? Chamamos o dr. Benoit.

– Vamos ver se você tem sorte – ele disse. – Beba bastante suco de *cranberry* e veja se consegue urinar. Se não conseguir, vamos ter de colocar uma sonda.

Aparentemente, não custava nada dar uma passadinha no toalete antes de sair. Mas quem disse que eu tinha vontade?

Voltei para as baias iniciais, àquela espécie de sala de espera com divisórias de vinil que mais parecia um camarim improvisado. Tomei suco de *cranberry*, água, chá verde, e nada de a vontade surgir.

Ao penetrar minha próstata, as cápsulas haviam desencadeado um processo inflamatório que fizera a glândula inchar e, por extensão, comprimia minha uretra, impedindo a passagem da urina. Em breve o inchaço desapareceria e a glândula retomaria o tamanho normal, liberando a uretra. Mas era impossível calcular quanto tempo demoraria.

Duas horas depois, uma enfermeira recomendou que eu fosse ao banheiro, abrisse a torneira e massageasse a barriga com uma pedra de gelo durante alguns minutos. Nem uma gota apareceu.

Era simplesmente incrível que, depois de tanto estardalhaço, tendo sido alvejado por mais de noventa balas, eu me encontrasse naquela situação idiota, submisso aos desmandos de um xixi que não conseguia atravessar uma porcaria de canal! Minha bexiga havia se transformado em uma represa e não havia meio de abrir as comportas. Seria preciso providenciar uma sonda para furar a barragem e dar vazão às águas.

Novamente o fantasma da sonda. Meu pai e minha mãe tiveram de conviver com um dreno na última etapa de suas vidas. Eu mesmo usara aquilo em 1982, após o acidente com o jato no aeroporto de Uberaba – aquele que me custou três dedos do pé. Pelo visto, eu estava prestes a ter um novo encontro com a sonda.

Já havíamos esperado por mais de cinco horas, regadas a chá e suco, quando a enfermeira veio colocar a sonda. Em seguida, pôs-se a explicar como se esvazia o reservatório.

– Você tira o saquinho assim, esvazia e o coloca de volta, sem levantar muito para que a urina não retorne. É fundamental ficar atento para que o fluxo da urina não seja interrompido.

Não gostei nem um pouco daquela conversa.

– Quer saber – eu disse à enfermeira –, é melhor eu passar a noite aqui e, quando estiver na hora de esvaziar o saquinho, você mesma o faz.

– Infelizmente, você não pode passar a noite aqui. São as normas do hospital.

Aquele procedimento não previa internação. Aproximava-se o fim do expediente e aquela enfermeira assumira a incumbência de me escorraçar. A regra era clara. Nem todo o dinheiro do mundo convenceria o hospital a me aceitar como hóspede.

Você entra de manhã e sai à tarde, prometera o dr. Kalnicki. Ele só se esquecera de mencionar o maldito dreno...

Dez horas da noite e nada. Nada de xixi, nada de internação, nada de suíte com TV a cabo. Expulso do hospital, desfilei pelos corredores em uma cadeira de rodas – uma exigência da administração – tentando esconder o reservatório em meus braços.

Estava faminto quando entramos novamente no carro, desta vez com destino ao meu apartamento, onde Simone, esposa de Tadeu, nos aguardava com um minestrone.

Àquela altura, meu corpo exalava radiação. Antes de dormir, reli as instruções que havia recebido no hospital. Era obrigatório o uso de preservativos pelos próximos dois meses. Crianças não poderiam sentar no meu colo por mais de cinco minutos consecutivos durante um semestre. Na presença de uma gestante, eu teria de permanecer a pelo menos um metro de sua barriga até que se cumprissem noventa dias de quarentena.

De uma hora para outra, eu me transformara em um perigo para a humanidade, um vilão de história em quadrinhos, um pedaço de Chernobyl ambulante. E foi assim, como um Incrível Hulk de sonda, um improvável Homem-Iodo, que eu dormi minha primeira noite após a braquiterapia.

No dia seguinte, sexta-feira, recebi um chamado do dr. Benoit:
– Venha para cá. Vamos tentar salvar seu fim de semana.

Às duas da tarde, de volta ao Shadyside Hospital, ainda sem urinar, fui atendido por uma jovem enfermeira com jeito de anjo. Loira, de gestos delicados e tez rosada, ela vestia jaleco branco e calçava sapatos de bico fino. Deveria ter 30 anos, no máximo, e prontificava-se a expor a estratégia.

– Não sei se vai dar certo – ela alertou, logo de cara. – Vamos testar um procedimento que, se surtir efeito, permitirá que você volte ao Brasil amanhã.

Para mim, essa possibilidade tinha sabor de alforria.

– A idéia é injetar água pela uretra até sua bexiga encher – ela explicou, manuseando uma seringa. – Em seguida, bombearemos ar comprimido. Provavelmente, o que houver de água e xixi aí dentro será repelido com força. Você pode sujar a sala inteira e molhar todas as paredes; o importante é que consiga urinar.

Fiquei constrangido com a possibilidade de batizar todo o recinto com meu xixi. Aquele seria o mico do ano. Mas funcionou. Quando o anjo injetou o ar, senti uma enorme pressão e o xixi jorrou furioso, como um chafariz. Houve festa na sala.

– Agora, vamos ver se você é um homem de sorte – ela disse. – Faremos um ultra-som, e, se houver menos de 130 mililitros na bexiga, você poderá ir embora.

Bingo! Fui liberado minutos depois.

Antes de voltar ao Brasil, passei o sábado em Pittsburgh e fui almoçar na casa do dr. Kalnicki. No domingo, dei um último abraço no Tadeu e na Simone e tomei o avião para Chicago, onde trocaria de aeronave para voltar a São Paulo durante a noite.

Em Chicago, a caminho da sala de embarque, notei o sol se pondo através das amplas janelas do O'Hare International Airport e senti um calafrio atravessar minha espinha: já anoitecia, e eu havia ido ao banheiro pela última vez às oito horas da manhã.

Logo agora meu xixi daria para fraquejar novamente?

A poucos metros da liberdade, empaquei. O vôo até São Paulo demoraria cerca de dez horas e eu não poderia correr o risco de permanecer com a uretra bloqueada durante todo esse tempo. Estourar bexiga de aniversário é até divertido. Já a outra bexiga...

Fui consultar o pessoal da United Airlines:

– Fiz um procedimento cirúrgico há dois dias e não estou conseguindo urinar – expliquei. – Se acontecer alguma coisa durante o vôo, qual será o procedimento de emergência?

– Você não vai embarcar – foi a resposta, seca como uma ordem.

Depois de remarcar as passagens para o dia seguinte e seguir para um hotel próximo ao aeroporto, chamei o dr. Kalnicki.

– Talvez você tenha de voltar a Pittsburgh – ele avisou. – Mas tente urinar esta noite. Alterne compressas de água fria e água morna e me mantenha informado. Ligue por volta da meia-noite e, não havendo novidade, volte a me chamar às seis da manhã. Se nem assim você tiver urinado, pegue o primeiro vôo e me encontre no hospital.

Passei a noite com a torneira aberta. Cantei, fiz compressas, massageei a barriga, passei gelo. Eu jamais poderia imaginar que, depois de bombardear o tumor e cravejá-lo com balas de iodo, ainda teria de vencer mais um combate: a batalha pelo direito ao xixi.

Seria possível perder a guerra apesar da rendição do câncer? Eu poderia ser morto pela minha bexiga ou, chegando ao Brasil, ser encaminhado diretamente para a UTI?

– O que aconteceu com ele? – alguém perguntaria, na ante-sala do hospital. – Complicações em decorrência do câncer?

– Não, a braquiterapia funcionou – um enfermeiro responderia. – Mas sua bexiga, coitada, explodiu três dias depois do procedimento.

Nunca um xixi me deixara tão aliviado quanto o que fiz, depois de muita insistência, naquela madrugada. Na terça-feira, já em São Paulo, tudo havia voltado ao normal.

Como um chefe acostumado a delegar funções, só me restava esperar que as sementes radioativas desempenhassem seu trabalho dentro de mim. Ansioso como sempre, risquei dia após dia o calendário e estiquei aquela apreensão até minha braquiterapia completar cinco meses.

Em 5 de novembro, logo cedo, irrompi pelos corredores do Fleury para fazer um novo exame de PSA – o primeiro da nova fase, o primeiro da nova vida.

Eh-lá-hô! Saravá! Hosana nas alturas! Aleluia!

Meu PSA estava em 1,2.

Capítulo 10
Pouca saúde e muita saúva

"Pouca saúde e muita saúva, os males do Brasil são." De tão sábia, a frase parece não se encaixar na fala indolente de Macunaíma, o herói sem nenhum caráter da obra de Mário de Andrade. Moleque preguiçoso e safado, Macunaíma revelou-se profeta ao resumir o país em poucas palavras. A história, sabemos, deu-lhe razão.

Passados 80 anos desde a primeira edição de *Macunaíma*, publicado em 1928, as saúvas permanecem traiçoeiras. Embora novas gerações de pesticidas tenham logrado reduzir a relevância econômica dos estragos causados pelas tanajuras e içás, o país é ainda devorado por uma outra qualidade de formiga. Famintas, elas trafegam pelos corredores de Brasília e pelos palácios do governo, perambulam por gabinetes com o chapéu nas mãos, loteiam conselhos, subvertem hierarquias e influenciam, com notável senso de oportunidade, toda decisão política.

O formigueiro independe de partido político ou do nome do governante. Alastra-se pela esfera privada e forma calombos não apenas em empresas e corporações, mas também na vida particular, nas pequenas corrupções diárias cometidas pelo cidadão comum.

Às vezes, é saúva demais para pouca lavoura. Nessas ocasiões, perde-se a safra, refazem-se os cálculos e recolhem-se as armas. Ou melhor: espera-se o próximo ano, o próximo mandato, o próximo exercício fiscal.

A saúde, por sua vez, continua na mesma: escassa. Escassa desde quando Macunaíma "brincava" com as cunhadas no chão da tapera. É certo que, a cada ano, algumas vitórias podem ser festejadas. Os índices referentes à mortalidade infantil, à esperança de vida, à desnutrição e à incidência de doenças tropicais são exemplos positivos. Ainda assim, aprendemos a ouvir com descrédito as bravatas dos governantes e lamentamos a lentidão das mudanças. Já não nos surpreendemos com a morosidade da partida e nem sequer reclamamos quando o jogo termina em empate. Aumentam-se os gastos, criam-se impostos, e continuamos a anos-luz de distância do sistema de saúde que queremos.

A saúde claudica em razão da falta de recursos públicos, do baixo investimento em pesquisas, das oscilações no orçamento e, principalmente, em razão da desigualdade social, geradora de abismos aos quais faltam arrimo, escadas e cordas de sustentação. No Brasil, são profundos esses abismos. A violência com que realidades tão distintas se chocam à nossa frente – nas ruas, nas lojas ou na tevê –, nos torna estrangeiros habituais em nosso próprio país. Não nos reconhecemos, não nos identificamos.

A identidade, esse sentimento que permite aos homens estabelecer relações sociais com seus pares, é prejudicada pela percepção de que há mais diferenças do que semelhanças nos rostos que nos cercam. Por isso, certos abismos nos afligem tanto. Mesmo em períodos favoráveis – quando a distribuição de renda melhora, o salário mínimo cresce e o país galga posições importantes no *ranking* mundial do desenvolvimento humano –, somos compelidos a desconfiar das notícias com o ceticismo de quem já assistiu ao filme e não se convenceu.

Sabemos que Clark Kent é o Super-Homem. E até já nos acostumamos com a idéia de que uma pessoa possa ter duas personalidades, assim como um país ser dois. Mas ninguém nos convence de que evoluir de uma situação para outra seja tão simples quanto entrar em uma cabine telefônica e sair de dentro dela com um ridículo disfarce vermelho e azul.

Enquanto mudanças significativas não acontecem, o brasileiro segue descrente. Descrente e incomodado com a proximidade do abismo.

Na saúde, o abismo pode significar fila, procedimentos malfeitos, macas espalhadas pelos corredores dos hospitais, terapias de segunda linha realizadas às pressas ou a obrigação de se submeter a um tratamento defasado, que já foi há muito superado nas ilhas de excelência onde reinam os donos da grana. Os estratos menos favorecidos da população são duplamente castigados. Sofrem por serem pobres e sofrem por viverem em um país pobre: um país onde a desorganização do poder público e a conivência com a sonegação são irmãs siamesas do atraso e da impunidade.

Tudo isso se reflete na saúde da população brasileira como lua cheia em mar sem ondas.

Um país pobre

Constituição Federal de 1988, artigo 196: "A saúde é direito de todos e dever do Estado, garantido mediante políticas sociais e econômicas que visem à redução do risco de doença e de outros agravos e ao acesso universal e igualitário às ações e serviços para sua promoção, proteção e recuperação".

Direito de todos. Acesso universal e igualitário.

Para dar conta da insólita tarefa de garantir esse amplo direito a todos os brasileiros – da reserva indígena Raposa Serra do Sol, em Roraima, ao Complexo do Alemão, no Rio de Janeiro –, criou-se o Sistema Único de Saúde (SUS), talvez a mais complexa e ousada ferramenta de assistência médica do mundo. Em nenhum outro país um sistema de saúde oferece atendimento integral e completamente gratuito a toda a população, inclusive aos pacientes com câncer e aos soropositivos.

Proposto em 1988, o SUS foi regulamentado e, finalmente, fundado em 1990. Até então, o papel do Estado em relação à saúde se resumia à atuação do Instituto Nacional de Assistência Médica da Previdência Social (Inamps), que disponibilizava atendimento apenas aos contribuintes (trabalhadores da economia formal) e seus dependentes. Os demais brasileiros eram obrigados a contratar médicos e hospitais privados ou recorrer às santas casas e demais entidades filantrópicas mantidas por meio de doações da sociedade civil.

Com o SUS, o sistema público de saúde abriu suas portas a todos os brasileiros, não apenas aos contribuintes, e assumiu para si a tarefa, algo quixotesca, proposta pela Constituição. Por meio de convênios firmados entre a União e a iniciativa privada – e também entre a União e os equipamentos estaduais e municipais de assistência médica – de modo a "comprar" os serviços oferecidos por eles, o governo federal ousou oferecer, pela primeira vez, acesso universal à saúde pública. Ficou faltando promover o acesso igualitário.

O Brasil tem hoje 190 milhões de habitantes: 190 milhões de clientes do SUS. Descontando-se os 38 milhões de beneficiários de planos de saúde, estimados em junho de 2007 pela Agência Nacional de Saúde Suplementar, entidade que regulamenta o setor, são pelo menos 150 milhões de pessoas atendidas prioritária ou exclusivamente pelo sistema público. Mesmo os brasileiros que freqüentam consultórios particulares e, segurados, recorrem prioritariamente aos serviços cobertos pelo convênio, costumam apelar para os hospitais vinculados ao SUS quando se deparam com procedimentos de alta complexidade, caros demais para serem bancados pela maioria dos planos.

Essa combinação de fatores transforma o SUS em um gigante que, segundo estatísticas produzidas pelo Ministério da Saúde, em 2006, realizou 2,4 bilhões de procedimentos. Cada consulta, radiografia ou exame é computado como um procedimento distinto, mesmo quando são realizados dois ou mais na mesma visita ao hospital. As atividades do gigante incluíram 600 milhões de consultas, 360 milhões de exames, 150 milhões de vacinas, 12 milhões de internações e 3 milhões de cirurgias em apenas doze meses.

Cirurgias cardíacas? Mais de 140 mil.

Transplantes? Doze mil.

Por mais que se esforce, no entanto, o SUS não dá conta do serviço. Como Golias, o gigante arrasta seu corpo monstruoso sem a agilidade de um David. Ao mesmo tempo em que lhe sobram tarefas hercúleas, faltam-lhe equipamentos, braços e recursos para que os 190 milhões de brasileiros se sintam devidamente assistidos. Há lentidão no atendimento, escassez de leitos e excesso de filas – algumas delas longas o bastante para que a morte chegue antes de uma autorização.

Também a qualidade de determinados serviços é questionada por quem conhece a tabela de preços adotada pela instituição. Em janeiro de 2008, ela previa o pagamento de dez reais por consulta médica, cinco reais e quinze centavos por um eletrocardiograma e 403 reais por um parto normal, apenas para citar três procedimentos. Os valores são inferiores aos praticados pelos planos de saúde (que não podem pagar menos de 33 reais por consulta conforme disposição da Associação Médica Brasileira, AMB, adotada pelo Conselho Federal de Medicina) e mostram-se irrisórios quando comparados aos honorários cobrados pela saúde privada não suplementar nas grandes cidades.

Mesmo assim, nunca o país investiu tantos recursos em saúde. Os gastos públicos totais (somando-se o que é injetado por União, estados e municípios) alcançaram 72 bilhões de reais em 2005. Esse valor representava 54% de todo o investimento feito em saúde no país naquele ano – 46% vieram da iniciativa privada – e equivalia a pouco mais de 3% do PIB, ou 153 dólares *per capita* segundo estimativa da Organização Mundial da Saúde (OMS).

Observando-se também os gastos privados, a OMS calculou, em 2004, que os valores aplicados em saúde beiravam os 290 dólares *per capita* no Brasil, dos quais 157 eram provenientes de recursos públicos. É pouco. Como comparação, a Argentina investiu 383 dólares *per capita* (174 em recursos públicos), o Canadá gastou 3.038 (2.121 públicos) e os Estados Unidos, 6.096 (2.725 públicos). A diferença é gritante. Enquanto no Brasil o investimento em saúde se resume a oitenta centavos de dólar

Gasto público *per capita* em saúde conforme o país (2004)
Valores em dólar

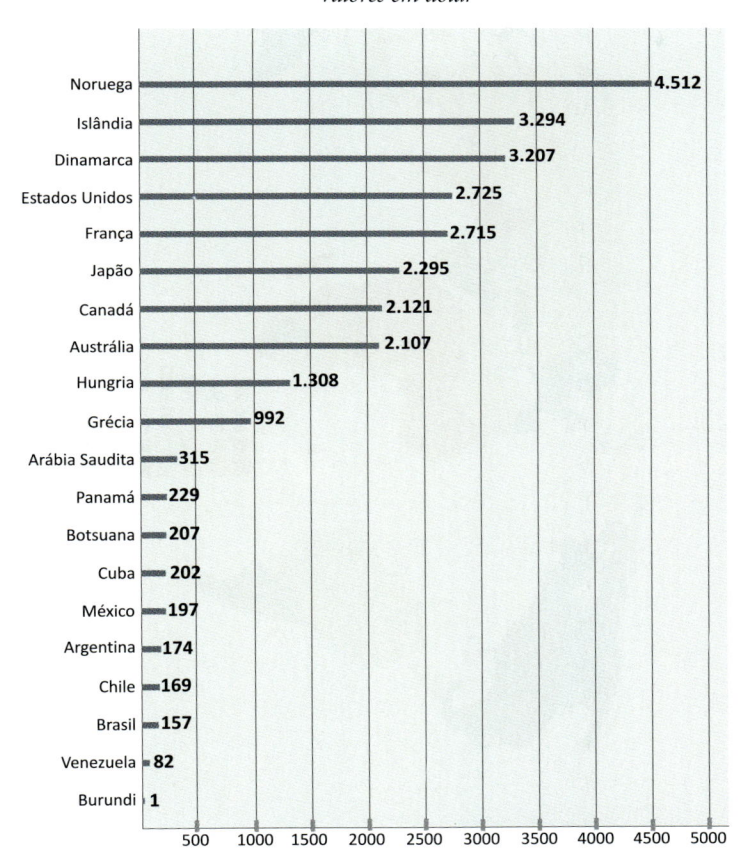

País	Valor (US$)
Noruega	4.512
Islândia	3.294
Dinamarca	3.207
Estados Unidos	2.725
França	2.715
Japão	2.295
Canadá	2.121
Austrália	2.107
Hungria	1.308
Grécia	992
Arábia Saudita	315
Panamá	229
Botsuana	207
Cuba	202
México	197
Argentina	174
Chile	169
Brasil	157
Venezuela	82
Burundi	1

* Os países listados foram selecionados aleatoriamente e não configuram um *ranking*
Fonte: Organização Mundial da Saúde, World Health Statistics, 2007.

É CÂNCER!

Gastos totais em saúde *per capita*, 2004 (em dólar)

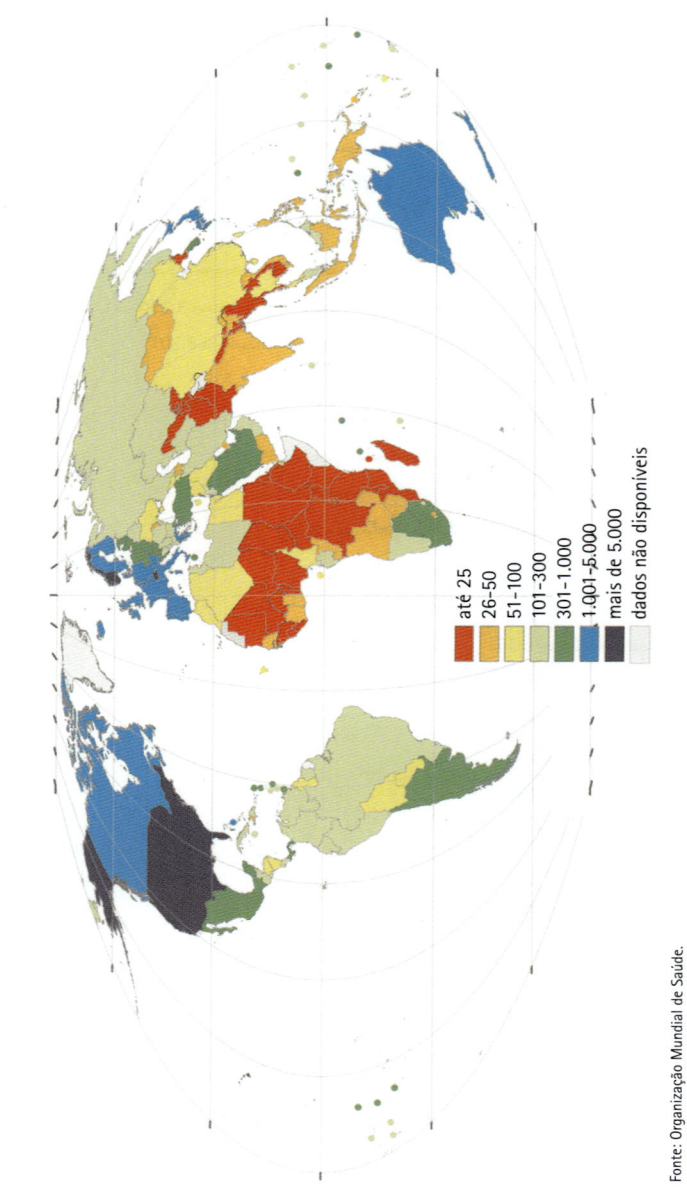

- até 25
- 26–50
- 51–100
- 101–300
- 301–1.000
- 1.001–5.000
- mais de 5.000
- dados não disponíveis

Fonte: Organização Mundial de Saúde.

diários por habitante, dos quais 42 centavos provêm do poder público, nos Estados Unidos são 16,7 dólares ao dia, 7,5 deles conferidos pelo governo.

A única conclusão possível é que, no Brasil, o governo enxuga gelo. E, a despeito dos valiosos esforços em ampliar o repasse à saúde, continuará enxugando gelo por alguns anos.

Em 2007, o orçamento sancionado pelo Executivo previa a destinação recorde de 49,7 bilhões de reais à saúde, um valor 12% superior ao montante investido na pasta no ano anterior. Outra conquista recente a ser comemorada foi a vinculação de recursos orçamentários de União, estados e municípios por meio da Emenda Constitucional n.º 29, aprovada em 2000. O instrumento obriga estados e municípios a destinarem, respectivamente, 12% e 15% de seu orçamento à saúde e inviabiliza a redução dos gastos federais absolutos ao exigir que os reajustes no orçamento sejam proporcionais ao crescimento do PIB. Dessa maneira, mesmo que de forma lenta e gradual, como apraz ao gigante, confia-se na evolução paulatina do setor.

Todos esses recursos, no entanto, ainda não são suficientes para proporcionar o salto de qualidade que se espera. Quando muito, contribuem para injetar uma dose extra de oxigênio onde as carências são mais extremas. Numa comparação com o próprio exercício clínico, a saúde pública no Brasil vive uma rotina ambulatorial estóica: diagnosticada a iminência de uma parada cardíaca, as áreas mais combalidas são encaminhadas para a UTI, onde recebem os cuidados necessários para saírem de lá assim que possível. A meta, tudo indica, não é sanar as mazelas da rede pública e torná-la plenamente saudável, mas apenas forte o bastante para respirar sem a ajuda de aparelhos.

Enxuga-se gelo, enfim. O gigante é demasiadamente dispendioso: ele precisa se alimentar e comprar roupas novas. E como come o gigante! Quanto tecido consomem suas roupas! Tivesse de arcar apenas com os honorários dos médicos e demais funcionários que atendem pelo SUS, a partida estava ganha. Outras tarefas, no entanto, exigem o aporte de recursos públicos e dividem com a folha de pagamento a prioridade do orçamento. É preciso, por exemplo, investir em pesquisas, desenvolver vacinas e medicamentos, realizar campanhas educativas e de imunização, cuidar da vigilância sanitária, construir novas unidades de atendimento e equipar os mais de 6 mil hospitais vinculados ao SUS.

É caro manter um hospital funcionando. É caro turbiná-lo com o que existe de mais moderno em tecnologia hospitalar. "Um hospital, além dos gastos de custeio, precisa dispor de aproximadamente 2,5% do valor atualizado do prédio para reformas, adaptações e manutenção, o que significa dizer que se gasta com o prédio, em 40 anos, o que se gastou para construí-lo", escreve o cardiologista e ex-ministro da Saúde Adib Jatene no ensaio "Direito do cidadão, dever do Estado", publicado no livro *O Brasil tem jeito?*, organizado por Arthur Ituassu e Rodrigo de Almeida (Jorge Zahar, 2007). "Se esses recursos não estiverem disponíveis, o prédio se deteriora, e a conseqüência é a inadequação de suas condições de funcionamento", alerta ele.

Jatene cita ainda a necessidade de se investir, anualmente, 15% do valor total dos equipamentos em atualizações indispensáveis para que o arsenal bélico não caduque – um efeito colateral dos avanços tecnológicos, cada vez mais efêmeros.

No que se refere à área de pesquisa e desenvolvimento, é imperativo fazermos a lição de casa. O mesmo país que incluiu o direito à saúde como dever do Estado na Constituição de 1988 e ousou implantar um sistema público de cobertura que é único não apenas no nome, mas também no mundo, só terá soberania quando conseguir superar sua condição de colônia.

Soberania, nesse caso, é trabalhar na elaboração de remédios e vacinas para doenças endêmicas que ainda produzem estatísticas desconcertantes, como a malária e a dengue, cuja incidência voltou a crescer em 2006. É conduzir estudos com precisão acadêmica e relevância internacional. É trocar o amargo sabor das patentes e dos medicamentos de alta complexidade, importados e caros, pela doce esperança de cura ao alcance de todos.

A luta contra o câncer, como tantas outras, é particularmente penosa nos países em desenvolvimento, como o Brasil, onde não existem soberania e recursos sequer para a realização de campanhas educativas que divulguem estratégias de prevenção da doença e convoquem a sociedade à realização dos exames necessários. Realizada a campanha, faltam recursos para a viabilização dos exames e a democratização do diagnóstico precoce. Realizados os diagnósticos, faltam recursos para o tratamento.

Embora, tradicionalmente, a incidência da doença seja maior nos países desenvolvidos – o que tem estreita relação com a alta expectativa de vida, o sedentarismo e a dieta pouco saudável –, é nas nações em desenvolvimento que o tumor ataca com maior ímpeto. Em razão de diversos fatores de risco comuns nos países pobres, como a falta de acesso a exames precoces e o custo proibitivo dos tratamentos de ponta, a mortalidade em razão da doença chega a ser quatro vezes mais freqüente nesses países.

Reportagem de capa sobre câncer de mama publicada em outubro de 2007 pela revista *Time* abordou essa questão ao mostrar o descompasso entre incidência e mortalidade em regiões economicamente distintas. Enquanto nos Estados Unidos há cerca de cem casos de câncer de mama a cada 100 mil habitantes, a incidência não chega a 45 na América do Sul. Ponto para nós! No entanto, dos cem pacientes norte-americanos, apenas vinte morrem em razão da doença, destino compartilhado por quinze dos 45 doentes sul-americanos. Isso significa que o câncer de mama mata um em cada cinco doentes nos Estados Unidos e um em cada três ao sul do Equador. Ponto para eles! Nos países do Norte da África, cita a reportagem, a morte é ainda mais implacável: de cada quatro pacientes diagnosticados, três morrem.

Preocupadas, as autoridades alertam para o fato de a incidência de câncer estar aumentando nos países em desenvolvimento, o que também é resultado do envelhecimento da população e da degradação dos hábitos alimentares e de comportamento, entre outros. "Segundo a Organização Mundial da Saúde, o número de novos casos de câncer aumentará de 10 milhões, em 2000, para 15 milhões, em 2020, e 60% ocorrerão nos países em desenvolvimento", escreveu o diretor-geral do Instituto Nacional de Câncer, Luiz Antônio Santini, no artigo "A luta contra o câncer: por um novo paradigma", publicado no jornal *Correio Braziliense* em novembro de 2005.

A previsão causa espécie quando se observa o alto custo do tratamento, especialmente em regiões onde ele se torna, muitas vezes, proibitivo. Ao mesmo tempo, diante da matança anunciada, há algo de Maria Antonieta em exigir demasiada atenção para o câncer enquanto as populações de muitos desses países são obrigadas a conviver com fome, desnutrição e guerra civil. Falta pão, pedem-se brioches, como teria feito a rainha na lenda propagada pela Revolução Francesa.

Num país em que 2,5% das crianças morrem antes de completar um ano (5,2% em Alagoas), vitimadas por motivos torpes como desnutrição, moradia insalubre e doenças infecciosas que há muito deveriam ter sido erradicadas, drenar recursos vultosos para o custeio de quimioterápicos caríssimos que apenas prolongam a vida de pessoas que, em geral, já passaram dos 60 anos, chega a ser, para muitos teóricos da saúde, um disparate.

Justamente por isso, educação preventiva e diagnóstico precoce são as únicas estratégias viáveis de combate ao câncer, principalmente quando se sabe que as diferentes neoplasias só perdem para as doenças cardiovasculares no *ranking* nacional de mortes por motivo de saúde. Estudo divulgado pela Unimed de Belo Horizonte, no final de 2007, calculou, para os dois anos seguintes, gastos na ordem de 35 milhões reais, pela operadora, no tratamento de pacientes com câncer avançado. O documento afirmava ainda que os mesmos pacientes, se tivessem sido diagnosticados precocemente, consumiriam apenas 5 milhões de reais, um sétimo da quantia prevista, e teriam uma sobrevida bem mais longa.

Em suma, se esforços importantes não forem feitos nesse sentido, a pobreza de um país, seja ele qual for, continuará sendo um fator cancerígeno. E haja saúva!

Um povo pobre

"O grande problema do pobre não é ele ser pobre. É que o amigo dele também é pobre." Esculpida por Adib Jatene em 1980, quando secretário da Saúde do estado de São Paulo, a frase não tem a mesma genialidade do *jingle* fundante de Macunaíma. Mas faz pensar.

Com amigos tão pobres quanto ele, o pobre não tem quem telefone para o prefeito, quem reclame com o bispo, quem recorra a um empréstimo ou interceda em seu favor no fórum, na associação comercial, na delegacia e no armazém que há duas semanas deixou de lhe vender fiado.

Com amigos tão pobres quanto ele, o pobre não tem quem lhe instrua sobre seus direitos e lhe carregue pela mão até o posto de saúde quando surge algum sintoma.

Com amigos tão pobres quanto ele, o pobre não tem quem lhe explique a importância de fazer o exame do toque – pavor dos homens de meia-idade – nem quem lhe cobre a realização anual de um hemograma completo.

O brasileiro pobre não é apenas menos letrado do que o rico. O abismo social não se restringe à posse de DVD ou microondas ou ao nível de escolaridade. Ser pobre é ingerir menos calorias do que o recomendado pela ONU e praticar uma dieta de baixa qualidade, rica em gorduras e pobre em vitaminas. Ser pobre é dormir tarde, acordar cedo e tomar duas ou três conduções para chegar, já cansado e faminto, ao local de trabalho. Ser pobre, muitas vezes, é procurar trabalho.

Conhecedores que somos – nós, leitores – dos benefícios da boa alimentação e de exames precoces para a prevenção do câncer, embora estejamos também à mercê das neoplasias e de centenas de outras doenças, entendemos com facilidade o que existe de verdadeiro no axioma de Adib Jatene. A pobreza, no Brasil, cria dois grupos de marginalizados: os que não têm acesso à informação e, por isso, não sabem de nada disso, e aqueles que, embora saibam, nada podem fazer, uma vez que seu dinheiro não pode comprar. Essa constatação reforça a necessidade de o Estado investir sempre em educação e em campanhas de saúde pública.

Ser pobre é ouvir na tevê os benefícios de uma alimentação balanceada, com soja e ômega 3, e sorrir satisfeito quando há feijão por baixo do arroz e um pedacinho de lingüiça no canto do prato. Tomate todos os dias? Peixe três vezes por semana? A vida, definitivamente, já foi mais fácil.

Menos prevenidos do que a maioria dos ricos em relação ao câncer, os pobres também são desfavorecidos na abordagem da doença. Um câncer de próstata grau 5 de Gleason com PSA inferior a 10 ng/ml e estadiamento clínico T1, por exemplo, pode ser curado com braquiterapia, radioterapia ou cirurgia radical. Para o pobre, no entanto, não existe braquiterapia, um procedimento orçado em pelo menos 15 mil reais e ainda não disponível pelo SUS. Para o pobre, o padrão-ouro é a prostatectomia radical.

Já um câncer de próstata em estágio avançado, com metástases ósseas e comprometimento dos tecidos vizinhos, será controlado, num primeiro momento, por meio da hormonoterapia. O rico injetará um depósito de antiandrógenos no braço e repetirá a dose a cada 30 dias, indefinidamente, pagando uma boa quantia pelo tratamento. O pobre terá os testículos suprimidos por meio de uma cirurgia chamada orquiectomia.

Em 2005, foram feitos, no Brasil, cerca de 80 mil cirurgias oncológicas, 7 milhões de procedimentos radioterápicos e 1,6 milhão de procedimentos de quimioterapia. No ano seguinte, o SUS gastou 145 milhões de reais em radioterapia e 950 milhões de reais em quimioterapia, além de valores significativos em internação hospitalar. No total, foi aplicado 1,2 bilhão de reais no tratamento oncológico em 2006, segundo estatísticas do

Instituto Nacional de Câncer (Inca), o dobro do que havia sido gasto cinco anos antes.

Parece muito, mas não é. Não o bastante quando mais de 60% dos pacientes com câncer atendidos pelo SUS apresentam estágios avançados da doença, situação em que o tratamento é caro e pouco eficaz. Também não é o bastante quando se analisa a concentração geográfica dos recursos e o atraso em que se encontra a maior parte do território brasileiro. "Se observarmos a distribuição regional deste aumento (*de recursos*), verificaremos que os gastos foram maiores na região Sudeste, permitindo tão-somente absorver parte da demanda reprimida, e não a ampliação da oferta de serviços", escreveu Luiz Antonio Santini, do Inca, em artigo publicado em abril de 2006 na revista *Conjuntura Econômica*, da Fundação Getúlio Vargas. "Os programas que estamos desenvolvendo para aumentar a capacidade de diagnóstico precoce e ampliar a rede de atendimento, especialmente nas regiões mais carentes de assistência, exigem mais recursos."

O povo pobre sofre não apenas com a falta de informação, a dificuldade de promover substituições na dieta, as filas dos hospitais e eventuais restrições nos tratamentos autorizados pelo SUS, mas também com a dificuldade de acesso a esses tratamentos. No mesmo ensaio citado algumas páginas atrás, Adib Jatene menciona um estudo realizado em 2000, com o objetivo de averiguar a distribuição de leitos hospitalares na cidade de São Paulo. Na ocasião, Jatene era ministro da Saúde. "Analisamos como os 28.214 leitos de 170 hospitais então existentes se distribuíam nos 96 distritos em que a cidade está dividida", ele conta. Enquanto no Jardim Paulista, bairro rico, havia 43,15 leitos por mil habitantes, em Vila Formosa, bairro pobre, havia 0,06. "A surpresa foi encontrarmos 39 distritos, com 4 milhões de pessoas, em que não existia nenhum leito hospitalar, fosse ele público ou privado", diz o ex-ministro.

Outra experiência narrada por ele diz respeito a sua experiência como secretário. Jatene voltou-se para a região metropolitana de São Paulo, então com 12 milhões de habitantes, a fim de verificar se aquela população tinha, de fato, acesso à saúde. "Estabelecemos como princípio que só poderíamos considerar que a população tivesse acesso se fosse possível chegar a uma unidade de atendimento pelos seus próprios meios de locomoção. Isso equivale a dizer, para a maioria da população, a pé. Quando estudamos a distribuição dos centros de saúde, encontramos áreas com 300 mil habitantes sem que houvesse na região um único consultório", conta.

O estudo culminou em uma proposta, lançada em 1982, de se construírem 490 centros de saúde e 40 hospitais na Grande São Paulo. Era esse o tamanho do atraso. Em 2007, passados 25 anos, nem todo o projeto proposto na ocasião havia sido viabilizado. E os 12 milhões de habitantes viraram 20 milhões.

Com base nesse mesmo princípio proposto por Jatene de que acesso é chegar a pé, o que dizer sobre a rede de atendimento ao câncer no Brasil?

Os serviços de tratamento do câncer vinculados ao SUS são cadastrados pelo Ministério da Saúde como Unidades de Assistência de Alta Complexidade (Unacon), Centros de Alta Complexidade em Oncologia (Cacon), serviços isolados de radioterapia (RT) ou serviços isolados de quimioterapia (QT), conforme o grau de especialização e a estrutura física e funcional disponíveis. Unacon são hospitais gerais estruturados para tratar, no mínimo, os tumores mais prevalentes no país, com exceção do pulmão: mama, próstata, colo do útero, estômago, cólon e reto, além do câncer de pele não-melanoma, que não exige serviços especializados. Cacon são hospitais estruturados para tratar todos os tipos de câncer. Ambos devem disponibilizar atendimento clínico e ambulatorial, serviços de diagnóstico, cirurgias oncológicas, fisioterapia e reabilitação, apoio psicológico e todos os demais serviços indicados para a terapêutica da doença, incluindo quimioterapia e radioterapia.

Nem sempre isso acontece. Em 2007, dos 251 hospitais que compunham a rede brasileira de assistência ao câncer, 48 (ou 20%) não ofereciam serviços de radioterapia, próprios ou referenciados. Os 203 hospitais com estrutura suficiente para a realização de radioterapia, por sua vez, concentravam-se sobremaneira nas regiões Sul e Sudeste – esta última beneficiada com mais da metade das Unacon e dos Cacon existentes no país – e falhavam na tentativa de satisfazer a demanda nacional.

Dados do SUS permitiam estimar, em 2007, uma defasagem de pelo menos 153 unidades ou centros de alta complexidade em oncologia aptos à realização de radioterapia no país, conforme parâmetro estabelecido pelo próprio Ministério da Saúde, que prevê a necessidade de um Cacon ou Unacon com radioterapia para cada mil novos casos de câncer ao ano. Na região Norte, o número de Cacon e Unacon em atividade não chegava a 50% do recomendado, como indica o gráfico da página ao lado.

Onde não há hospitais devidamente equipados para o atendimento de alta complexidade, a alternativa é recorrer aos serviços isolados, clínicas aptas à promoção de atendimento qualificado em quimioterapia e/ou radioterapia. Embora não disponibilizem a mesma estrutura dos Cacon e Unacon, os serviços isolados devem estar vinculados a uma instituição médico-hospitalar maior, responsável pelo diagnóstico e pelos demais cuidados necessários.

Enquanto o estado de São Paulo tem 69 serviços qualificados para o tratamento do câncer, Acre e Roraima não possuem nenhum. No Amapá, há apenas um serviço isolado de quimioterapia, localizado na capital, situação idêntica à de Rondônia. Em todo o Amazonas, estado com a maior extensão geográfica do país, há apenas um Cacon e um serviço de quimioterapia, ambos em Manaus, o que também acontece no Pará, com apenas um Cacon, situado em Belém.

Para grande parte da população da região Norte, é preciso percorrer centenas de quilômetros – de barco, de jegue ou a pé –

Defasagem do sistema de assistência ao câncer no Brasil
Número existente e número recomendado de Cacon e Unacon com radioterapia por região (2006)

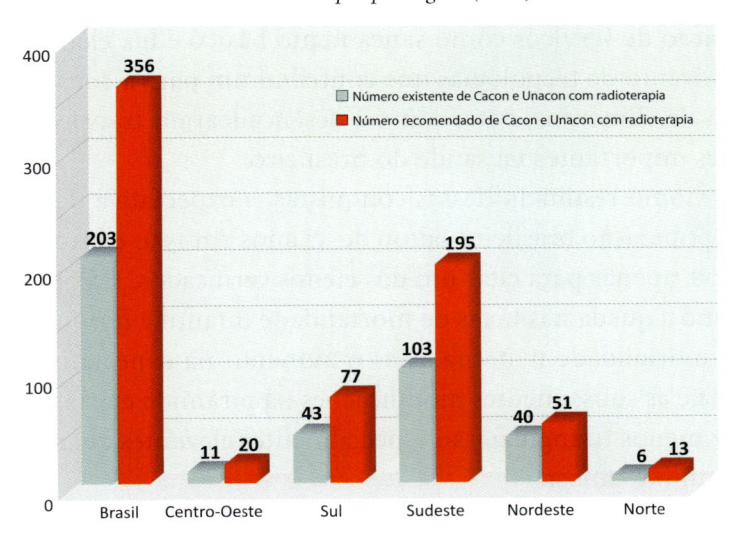

Região	Número existente de Cacon e Unacon com radioterapia	Número recomendado de Cacon e Unacon com radioterapia
Brasil	203	356
Centro-Oeste	11	20
Sul	43	77
Sudeste	103	195
Nordeste	40	51
Norte	6	13

Fonte: Datasus/SIA.

para buscar qualquer tipo de tratamento. Viagens como essas não parecem tarefa fácil para quem tem um câncer em estágio avançado e precisa se submeter a sessões diárias de quimioterapia. Tampouco o é para quem não tem condições de custear traslado, hospedagem e alimentação durante o período de tratamento na capital, muitas vezes superior a seis semanas.

É duro ser pobre no Brasil.

Futuro

Tempus fugit, escreveu o poeta romano Virgílio (70 a.C.–19 a.C.) no poema "Geórgicas". O tempo é fugidio.

Se o Brasil ainda está longe de sanar a demanda reprimida na atenção ao câncer, o que podemos esperar do futuro?

Os avanços verificados na medicina nos últimos 50 anos (vacinas, antibióticos, métodos de diagnóstico cada vez mais sofisticados, erradicação de doenças), bem como a democratização de serviços como saneamento básico e luz elétrica, e o advento de tecnologias que contribuíram para a conservação de alimentos, entre outros, desencadearam transformações importantes na saúde do brasileiro.

Como resultado dessas conquistas, a expectativa de vida da população brasileira saltou de 47 anos em 1950 para 73 em 2008, apenas para citar um dos efeitos verificados. Há outros, como a queda nas taxas de mortalidade infantil e nos índices de mortalidade materna. Mas o aumento na expectativa de vida e as subseqüentes modificações na pirâmide etária, cada vez menos triangular, são especialmente relevantes quando o assunto é câncer.

Sabe-se que os idosos constituem o grupo de risco preferencial da doença. Sabe-se, também, que a incidência de tumores malignos é proporcional à idade, marcadamente no caso do câncer de próstata, já apelidado de "câncer da terceira idade", segundo publicações do Inca. O que assombra, no caso, é perceber que a tendência de envelhecimento da população não tem sido acompanhada por aporte equivalente de recursos para a área.

Tampouco a saúde geral do idoso tem merecido, no Brasil, investimentos compatíveis com o crescimento da população com mais de 60 anos.

Cálculos do Instituto Brasileiro de Geografia e Estatística (IBGE) demonstram que, no Brasil, havia doze crianças de até 5 anos para cada seis idosos com mais de 60 em 1981. Hoje, são cinco crianças. Projeções para o futuro indicam que, até 2050, serão menos de duas. Ainda segundo o IBGE, a esperança de vida ao nascer, hoje na casa dos 73 anos, será de 81 anos em 2050 e superará os 84 anos em 2100, como sugerem os gráficos a seguir:

Esperança de vida ao nascer (1980-2100)
Projeção da população do Brasil por sexo

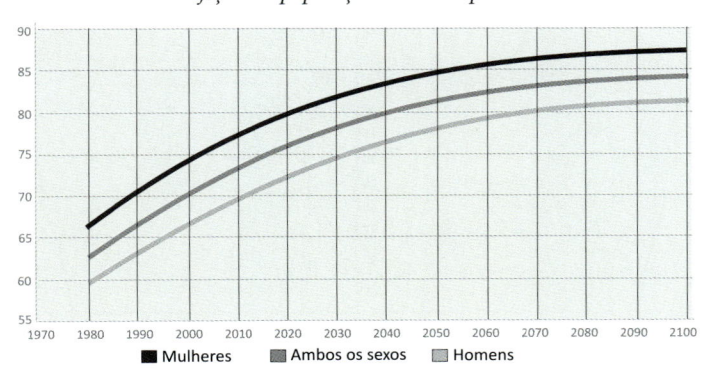

■ Mulheres ■ Ambos os sexos ■ Homens

Fonte: IBGE, 2004.

Brasil: pirâmide etária absoluta (2000)

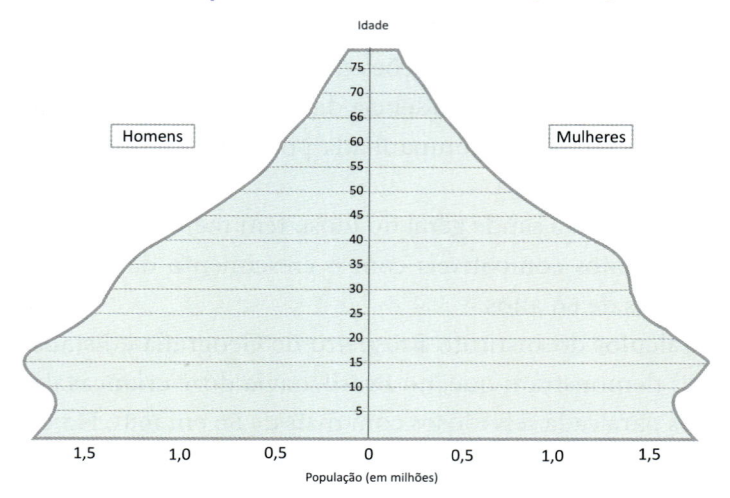

Idade

Homens | Mulheres

População (em milhões)

Fonte: IBGE, 2004.

Brasil: pirâmide etária absoluta (2050)

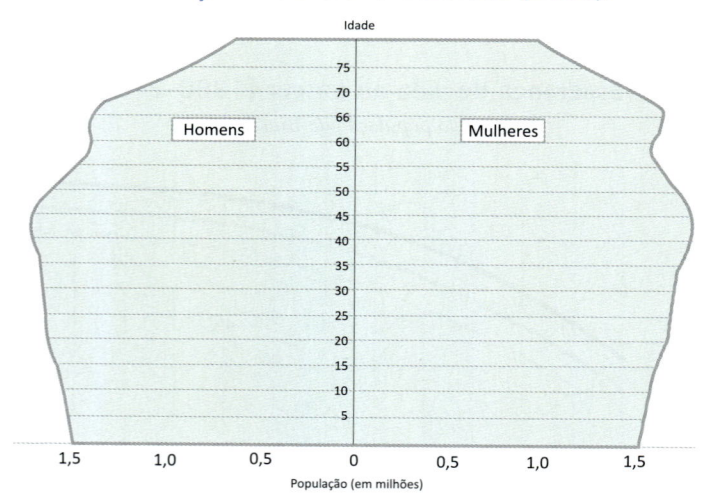

Idade

Homens | Mulheres

População (em milhões)

Fonte: IBGE, 2004.

No mundo inteiro, a incidência de câncer continuará crescendo, de modo inevitável, em decorrência do aumento e do envelhecimento da população. Nos Estados Unidos, por exemplo, acredita-se que o número de novos casos passará de 1,3 milhão, estatística registrada em 2005, para 1,8 milhão em 2020. No Brasil, o câncer terá se transformado na primeira causa de morte no país, ultrapassando, em números absolutos, as doenças cardiovasculares.

Simultaneamente, a necessidade de se construírem e equiparem novos hospitais para atender à demanda (sempre crescente), bem como a tendência de encarecimento do tratamento do câncer, com a adoção de medicamentos cada vez mais arrojados e dispendiosos, reafirmam de maneira categórica a necessidade de ampliar o repasse de recursos para a área.

Por essas e outras, o axioma continua válido: ou o Brasil acaba com a saúva, ou a saúva acaba com o Brasil.

Capítulo 11
Você levou um tiro?

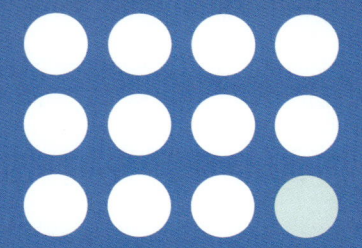

O câncer é uma espécie de tatuagem. Um carimbo no passaporte. Uma cicatriz desenhada para sempre em nossa pele.

Sua presença gruda como piche na sola do pé: marca de ferro em brasa, sinal de nascença perto do umbigo.

Ao redigir este último capítulo, no início de 2008, percorro os meses que faltam para vencer a barreira dos cinco anos. Cinco anos. Duzentas e sessenta semanas. Em junho, terei alcançado a meta proposta como sinônimo de cura pela maioria dos médicos. Isso entre aqueles que admitem o termo cura. Muitos preferem dizer que a doença está controlada ou que o prognóstico é de vida longa – algo suficientemente agradável, confesso, para um homem septuagenário.

Cinco anos com a tatuagem. Cinco anos de ansiedade, monitorando o tumor igual a um pai que observa o crescimento do filho: o primeiro sorriso, o primeiro dente, a primeira palavra.

No meu caso, comemora-se não o avanço, mas o retrocesso. A regressão do câncer merece risos e aplausos. E cada boa notícia é sempre recebida com alívio.

Meu PSA demorou a cair. Na verdade, ele caiu abruptamente logo após a braquiterapia, chegando a 1,2 ng/ml em novembro de 2003. Mas voltou a subir pouco depois, alcançando 2,2 ng/ml no ano seguinte. Apesar de os médicos considerarem aquele aumento perfeitamente admissível nos dois primeiros anos, voltei a suar. O medo-pavor me repuxava os cabelos e me colocava em alerta. A solução, dizia o médico, era continuar monitorando. E esperar. Se, em quatro anos, o PSA continuasse acima de 0,5 ng/ml, aí sim poderia haver problemas.

Achei estranho. Por que meu PSA havia subido? Aquele resultado só poderia significar que minhas células prostáticas continuavam ativas, ou seja, o iodo havia falhado. Na infância, eu aprendera que uma batalha-naval só termina quando toda a frota adversária é liquidada. Pelo visto, algum encouraçado escapara ileso. Talvez um submarino ou um hidroavião. E agora? Minguada a radiação das 92 sementes, o que mataria as células cancerosas que ainda viviam em meu corpo? Quem afundaria aquele maldito navio fantasma que insistia em deslizar sobre as águas?

Não sou de desconfiar de médicos, principalmente dos que me inspiram carisma e sinergia. Aceitei o conselho e resolvi dar tempo ao tempo. Continuaria fazendo os exames de rotina e torcendo para que as notícias fossem sempre positivas. Não deu outra. O PSA baixou, os exames clínicos revelaram-se cada vez melhores e o prognóstico de cura tornou-se uma realidade.

Os efeitos colaterais foram mínimos. Hoje, vou ao banheiro com mais freqüência do que antes, é verdade, e às vezes tenho de apertar o passo. Mas não sofro de perda involuntária de urina. Nada de fralda, dreno ou esfíncter artificial. De resto, tudo continua praticamente como antes.

Ao acompanhamento médico, adicionei um cuidado permanente com a alimentação. Minha filha Simone, que mora nos Estados Unidos, passou a me enviar textos sobre a importância da dieta no combate ao câncer de próstata. Soja, fibras, licopeno, chá verde... Acatei as dicas e incorporei alguns dos hábitos recomendados. Tomate, por exemplo, está presente em mais da metade das minhas refeições.

Houve também a fase da medicina oriental. De Xangai, meu amigo Pascoal Bordignon — executivo da CBMM dedicado à promoção e à comercialização do nióbio no mercado chinês — enviava caixas e mais caixas de um estranho comprimido, sintetizado a partir de um cogumelo que os orientais consideram infalível na guerra contra o câncer, de nome *Ganoderma lucidum*. Não havia bula. Quebrei uma cápsula para ver o que havia dentro e me assustei com um pó preto de cheiro estranho. Mas tomei, resignado. Cápsula por cápsula, consumi a caixa toda, depois outra e outra, seguindo as instruções do Pascoal. Ainda tenho algumas comigo e as ingiro de vez em quando.

Em junho do ano passado, no aniversário de quatro anos da braquiterapia, meu PSA havia chegado a 0,23 ng/ml. O laudo do Fleury tinha sabor de vitória.

Aquele exame foi a inspiração que faltava para que eu decidisse escrever este livro.

Hoje, continuo visitando o consultório de Miguel Srougi a cada seis meses. Duas vezes por ano, refaço a contagem do PSA e o toque retal. Sempre muito gentil, com suas mãos de violinista e tom professoral, o dr. Srougi é craque em renovar minhas esperanças:

— Graças a Deus está tudo bem – ele costuma dizer. – Seu PSA está baixo e sua próstata está macia e pequena. Voltamos a nos ver em seis meses.

Também tenho ido a Pittsburgh para visitar o dr. Benoit. Os dois urologistas, Srougi e Benoit, sabem que não se pode brincar com o câncer. Ainda assim, eles são otimistas. E me induzem a acreditar que, de fato, minha doença ficou para trás. Para mim, há sempre uma dúvida, um senão, uma pulga atrás da orelha. *Tive* câncer ou *tenho* câncer, qual o tempo do verbo? Mesmo depois de cinco anos, é possível afirmar que o câncer foi derrotado?

Sua próstata está macia e pequena, descreve Miguel Srougi, para minha alegria. No entanto, é preciso estar prevenido: sempre alerta, como dizem os escoteiros. O tumor de próstata, aprendemos, pode estar em qualquer lugar: na bexiga, nos ossos, no pulmão. Por isso, não basta visitar o urologista a cada seis meses. É preciso passar o corpo todo em revista. Uma vez por ano – ou quase –, providencio uma cintilografia óssea e uma chapa do tórax, exames necessários para o monitoramento da doença. E volto a transpirar.

Em junho do ano passado, logo após realizar o exame de PSA que indicou deliciosos 0,23 ng/ml, fui à Unidade Radiológica Paulista, na Avenida República do Líbano, em São Paulo, para tirar uma chapa do tórax.

Acostumado à agilidade do atendimento, estranhei a demora. Meia hora na sala de espera e nada de o resultado chegar. Algo muito grave deveria haver em meu pulmão. Aflito, pedi para a recepcionista chamar o dr. Cezar Albertotti, o mesmo que, em 2003, me alertara sobre a existência de "outros procedimentos" para tratar o câncer de próstata.

– Não precisa se preocupar, a chapa não acusou nada – ele disse. – Seu pulmão está limpo como o de alguém que nunca colocou um cigarro na boca.

– Que bom, dr. Cezar, eu já estava ficando apreensivo.

– Mas eu tenho de lhe perguntar uma coisa. Você levou um tiro?

– Um tiro?

– É, um tiro. Um assalto, uma bala perdida...

– Não, eu...

– Tem certeza?

– Claro que tenho! Por quê?

– Há um fragmento de metal no seu pulmão e eu estou quebrando a cabeça para descobrir o que é.

Insatisfeita com a vizinhança, uma das 92 sementes implantadas em minha próstata havia migrado para o tórax. Contei a novidade ao dr. Benoit e ele me informou que a migração de sementes ocorre em menos de 0,1% dos pacientes submetidos à braquiterapia.

– Eu ficaria preocupado se isso tivesse acontecido nos primeiros 90 dias, quando as cápsulas ainda continham alguma radioatividade – ele me tranqüilizou. – Passados quatro anos, não há perigo algum.

Eu, que nunca havia levado um tiro, fui alvejado no peito por uma semente peregrina, quem diria! Mais uma história para contar aos netos.

Aliás, jamais ter levado um tiro me torna duplamente sobrevivente – sobrevivente ao câncer e à guerra civil travada diariamente nas ruas de São Paulo.

Talvez você também esteja acostumado à violência e saiba o que é temer o pior, conviver com a possibilidade permanente de um assalto, um seqüestro, uma bala perdida. Agora, e se o bandido morasse dentro de você? Você já foi obrigado a viver 24 horas por dia, de segunda a segunda, amarrado a seu pior inimigo, tentando imaginar o tempo todo qual será a próxima emboscada?

Ser um sobrevivente ao câncer é isso. Acho que nunca me sentirei completamente livre.

Por outro lado, ser um sobrevivente me fez admirar a vida com outros olhos. Parece piegas, eu sei. Você já deve ter ouvido isso uma centena de vezes. Mas acontece, acredite. Aconteceu comigo.

Imagino que esse sentimento de vulnerabilidade – essa percepção de que a vida é efêmera e de que podemos ser os próximos a cruzar o oceano – nos encoraja a pôr fora as máscaras e a abrir mão de certas bobagens que só servem para nos aporrinhar.

Um ano e meio depois da braquiterapia, deixei a direção-geral da CBMM. Mais seis meses, parei de freqüentá-la: estava na hora de me aposentar. Esperei outros dois anos e larguei a presidência do Instituto Cidadania. Duplamente aposentado, e tendo sobrevivido a um câncer, me acostumei a trocar o paletó por uma prosaica camiseta pólo e a substituir os sapatos por um confortável par de tênis. Hoje é esse meu uniforme. De tênis e camiseta pólo, freqüento a maioria dos restaurantes e a maioria dos meus amigos – mesmo aqueles que, anos atrás, eu só me permitia visitar com traje social. Tornei-me uma pessoa mais despojada, tanto nas roupas quanto no trato. Quem me conhece há mais tempo se surpreende. E comemora. Logo eu, tantas vezes inflexível, sempre disposto a reclamar de tudo e a espinafrar quem cometesse um deslize, aprendi a relevar escorregões e a caminhar mais leve. É o que dizem.

Aos 72 anos, veja você, encarei minha primeira sessão de psicoterapia. Jô Benetton, a terapeuta, tem me auxiliado em uma série de assuntos relacionados à vida familiar, às minhas manias, à superação daquilo que os psicólogos chamam de estresse pós-traumático e à busca do que fazer com toda a liberdade que, de uma hora para outra, me foi concedida. Livre de qualquer responsabilidade profissional, prestes a também me tornar livre do câncer, terei de aprender a ocupar meu tempo com novas atividades e papéis. Que boa coisa com que me preocupar, você não acha?

Aberto a novas experiências, procuro explorar toda a sorte de emoções. Cheguei a me lançar de um avião, a 4 mil metros, em um salto de pára-quedas. Medo? Claro que tive. Mas não o suficiente para abdicar da sensação indescritível de uma queda livre. Sou pele grossa, você sabe. Talvez hoje, ciente da efemeridade da vida, o seja ainda mais.

Não quero cantar vitória antes do tempo. Nem posso fazê-lo. Os exames de rotina não me deixam. Ainda assim, sinto-me vitorioso. Voltei a fazer a contagem de PSA em fevereiro e vibrei com o resultado: 0,16 ng/ml. Embora não tenha nenhuma certeza de que o tumor tenha sumido para sempre da minha vida, considero-me desde já um felizardo, alguém que tirou a sorte grande.

Tive, em primeiro lugar, a felicidade de pertencer ao exclusivíssimo grupo dos brasileiros que sabem da existência de uma coisa chamada próstata e conhecem os exames disponíveis para a detecção de um tumor maligno. Em uma pesquisa recente feita pelo Inca, na qual os entrevistados deveriam dizer quais exames eles conheciam para o diagnóstico do câncer, apenas 11,7% mencionaram o toque retal. O PSA, surpreendentemente, nem sequer aparece na lista.

Tive, em seguida, a felicidade de fazer os exames na hora certa e flagrar um câncer ainda pequeno, precoce, bem localizado, com baixo PSA e baixo escore de Gleason. Muitas pessoas – algumas bastante esclarecidas – não têm a mesma sorte e, quando identificam o tumor, encontram-no em um estágio bem mais avançado, com o comprometimento dos órgãos vizinhos e metástases. Solidarizo-me com esses, lembrando que as novas gerações de hormônios e medicamentos já permitem uma sobrevida longa, quase sem dor, e que descobertas valiosas têm sido feitas todos os dias.

Tive ainda a felicidade de contar com a colaboração providencial de amigos queridos e de encontrar, em minha jornada contra o câncer, médicos excepcionais, com quem pude estabelecer empatia imediata: privilégio de poucos. Vencer um câncer não depende apenas do paciente ou do médico. Nenhum dos dois é mágico ou super-herói. Vencer um câncer depende de uma conjunção de fatores. O estágio em que o tumor foi descoberto é um deles. Há outros, como a eficácia da terapia escolhida, a precisão dos equipamentos, a sorte e, evidentemente, a qualidade da relação médico-paciente. Hoje sei que essa relação é tão importante quanto todo o resto. Sei também que o preço da consulta e o currículo do doutor não são garantias de um atendimento satisfatório. E que o mesmo profissional amado por um paciente pode ser odiado por outro – ambos com razão.

Como paciente, considero três qualidades indispensáveis para o exercício da clínica médica: ser educado e respeitoso; trabalhar de forma ética e honesta; e, principalmente, prometer apenas o que pode cumprir. Tive, finalmente, a felicidade de identificá-las nos profissionais que assistiram meu tratamento e também naqueles que auxiliaram na elaboração deste livro.

Nunca levei um tiro, mas trago uma bala alojada em meu peito. Uma bala diferente, do tamanho de um grão de arroz. Ela permanece aqui, perto do coração. Para mim, é um sinal, uma espécie de cronômetro. Discreta, a semente peregrina marca o avançar dos ponteiros com precisão suíça.

Essa semente não chegou a meu peito por acaso. Ela teve um motivo para migrar. Você pode tentar me convencer do contrário, mas a razão da semente, eu sei, entrelaça-se com a minha no horizonte. Se eu forçar um pouco a vista, sou capaz de enxergar esse encontro.

Viverei até os 85 anos, desenvolverei ainda muitos projetos, alguns até relevantes (quem sabe novos livros), e enviarei dezenas de cartas para puxar as orelhas de empresários e políticos que insistirem em me ofender com sua negligência e sua falta de bom senso. Encontrarei meus amigos em almoços e jantares deliciosos, conhecerei novos restaurantes, provarei bons vinhos e celebrarei, como um *bon vivant*, de tênis e camiseta pólo, os seiscentos e tantos finais de semana que ainda me restam.

Até que, numa noite qualquer, a sementinha alojada em meu peito retomará seu caminho. Os médicos dizem que isso é impossível, uma vez que os tecidos cicatriciais formados ao redor da semente a prenderão para sempre em meu tórax. Mas, nos meus melhores delírios, prefiro acreditar que ela seguirá viagem. Como um barco encantado, deslizará através da minha nuca, caminhará pelos recônditos da minha mente e repousará, serena e dócil, em um estreito e delicado vaso do meu cérebro, como quem aporta em uma praia deserta, fazendo-me sangrar pela última vez.

Não sentirei absolutamente nada, o que me enche de alegria. Apenas continuarei dormindo, deliciosamente.

O câncer de próstata terá ficado, para sempre, como um porta-retratos sobre a cômoda. Uma lembrança do passado, terrível e saborosa como as grandes crises que ousamos superar em nossas vidas.

Glossário

A

Adenocarcinoma Tipo de carcinoma (câncer) que se origina em tecidos epiteliais glandulares, como o que forma a próstata.

Análogo de LHRH Droga sintética, utilizada por pacientes com câncer avançado de próstata, que desempenha o mesmo papel do LHRH, hormônio responsável por avisar a hipófise de que é preciso interceder para que os testículos interrompam a produção de testosterona.

Andrógenos Hormônios sexuais masculinos responsáveis por características como crescimento dos pêlos, engrossamento da voz, tônus muscular e libido.

Andropausa Período da vida em que ocorre redução natural da produção de andrógenos, reduzindo-se a libido, a força física e a disposição. Equivalente masculino da menopausa.

Angiogênese Processo natural de formação de vasos sangüíneos decorrente do surgimento e do crescimento de uma neoplasia. Esses vasos são necessários para irrigar o tumor.

Antiandrógeno Substância que inibe a ação dos andrógenos.

Antioxidantes Substâncias (naturais ou sintéticas) que inibem ou retardam os efeitos nocivos da oxidação em tecidos animais, a maioria deles associada ao envelhecimento.

B

Bexiga Órgão que armazena a urina.

Biópsia Retirada de fragmentos de um tecido vivo para fins de diagnóstico. O exame, feito com uma agulha especial, é responsável por indicar o tipo de um tumor.

Bolsa escrotal Conhecida vulgarmente como saco, envolve e armazena os testículos.

Braquiterapia Modalidade de radioterapia realizada por meio da inserção (temporária ou permanente) de fonte radioativa no tumor ou em suas imediações.

C

Cacon Abreviação de Centro de Alta Complexidade em Oncologia. Um dos tipos de serviço de tratamento do câncer vinculados ao Sistema Único de Saúde.

Canal deferente Duto pelo qual os espermatozóides são conduzidos dos testículos à vesícula seminal.

Câncer Crescimento descontrolado e exuberante de determinadas células mutantes capazes de provocar lesões nos órgãos atingidos e se disseminar pelo organismo.

Castração cirúrgica Retirada dos testículos por meio de cirurgia.

Cintilografia óssea Exame de imagem que permite visualizar o esqueleto com o objetivo de investigar a existência de inflamações e tumores.

Cólon Última porção do intestino antes do reto.

Crioterapia Método de tratamento do câncer de próstata que consiste no congelamento da glândula por meio de hastes especiais introduzidas através do períneo, dentro das quais circula nitrogênio líquido a temperaturas inferiores a 200 °C.

Cromossomo Estrutura localizada no núcleo das células e que, formada por uma cadeia de DNA, contém as informações genéticas e as características hereditárias de um organismo. As células humanas têm 46 cromossomos.

D

Diferenciação celular Processo por meio do qual as células constitutivas de um tecido se tornam específicas, diferenciando-se das células de outro tecido. As células do câncer são pouco diferenciadas, o que faz com que o órgão atacado perca, aos poucos, sua especialidade.

DNA Sigla em inglês para ácido desoxirribonucléico. O DNA apresenta o aspecto de uma dupla-hélice, em forma de fita, que carrega a informação genética primária em todas as células dos seres vivos. Um conjunto de seqüências de DNA forma um cromossomo.

Dreno Tubo fino colocado profilática ou terapeuticamente para permitir o escoamento de líquidos de determinado órgão.

Dutos ejaculadores Ligam as duas vesículas seminais à uretra e são percorridos pelo líquido produzido nas vesículas, constituinte do esperma, no momento da ejaculação.

E

Ejaculação Eliminação do esperma.

Epiteliais (células) Células constitutivas das superfícies, internas ou externas, do corpo. Formam a pele, a mucosa e as glândulas, entre outros tecidos.

Escroto Ver "Bolsa escrotal".

Esfíncter uretral Conjunto de músculos que circunda a uretra como se fosse um anel, localizada logo abaixo da bexiga, que impede a fuga de urina nos intervalos entre as micções. Lesões no esfíncter uretral podem acarretar incontinência urinária, temporária ou definitiva.

Esperma "Semente" em grego, o esperma é o líquido expelido pelo homem no momento da ejaculação. É constituído por espermatozóides, líquido seminal e fluido prostático.

Estadiamento Situação do câncer no organismo. Resumo das informações que permitem aferir a extensão local da doença, sua presença em órgãos vizinhos e uma eventual disseminação pelo organismo. Dele depende o prognóstico e a escolha do tratamento.

Estrógeno Hormônio sexual feminino.

Expectativa de vida Número médio de anos estimado para um indivíduo se observadas as taxas de mortalidade e a pirâmide etária da população no momento do seu nascimento.

F

Fluido prostático Um dos componentes do esperma. É secretado pela próstata e desempenha destacado papel na concepção. É responsável por proteger e nutrir os espermatozóides a caminho do óvulo e auxilia sua penetração no colo do útero.

G

Gânglios linfáticos Pequenos corpos arredondados dispostos ao longo dos vasos linfáticos (rede similar à circulação sangüínea na qual são feitas a remoção de líquidos em excesso, a absorção de gordura e a defesa do organismo), responsáveis pela produção de anticorpos.

Genes supressores Genes que detectam erros de proliferação e impedem (ou interrompem) a reprodução descontrolada das células.

Glândula Órgão constituído por células epiteliais que tem como função secretar determinada substância.

Glândulas supra-renais Situadas acima dos rins, produzem alguns hormônios masculinos bem como a adrenalina, o cortisol e outros hormônios em resposta ao estresse.

Gleason (escore de) Número que mede a agressividade de um tumor maligno na próstata. É definido no exame histológico subseqüente à biópsia mediante o cotejamento do aspecto visual do tecido analisado com o padrão formulado, em 1966, pelo patologista americano Donald F. Gleason.

Gray Representada por Gy, é a unidade de medida de radiação utilizada na radioterapia. Um *gray* (1 Gy) corresponde à energia de um joule depositada por quilograma de tecido (1 J/kg). O nome é homenagem ao radiologista britânico Louis Harold Gray (1905-65).

H

Hemograma Exame diagnóstico que consiste na análise laboratorial de uma amostra de sangue para se fazer a contagem de diferentes grupos de células, como glóbulos brancos, plaquetas, colesterol e outros.

Hiperplasia prostática benigna Crescimento benigno da próstata, ocorre em até 80% dos homens após os 40 anos e sua incidência é proporcional à idade. Pode provocar obstrução do fluxo urinário e suas causas não são claras.

Hipófise Glândula situada na base do cérebro. Entre diversas funções, a hipófise comanda e supervisiona a produção de hormônios pelos testículos.

Histológico (exame) Estudo das características dos tecidos, realizado por patologista, em laboratório, com base em fragmentos colhidos na biópsia.

Hormonoterapia Tratamento (químico ou cirúrgico) que consiste em impedir a produção de hormônios e/ou interceptar sua absorção como alimento por determinados tumores que dependem deles para crescer e se multiplicar.

I

Ilíaco Osso que forma a bacia.

Impotência sexual Também conhecida como disfunção erétil. Incapacidade de obter ereção peniana suficientemente rígida para a efetivação do ato sexual.

IMRT Sigla em inglês para Radioterapia de Intensidade Modulada. Método de radioterapia tridimensional na qual é possível definir o tempo de incidência do feixe radioativo em cada zona do órgão a ser tratado.

Incontinência urinária Perda involuntária de urina.

Iodo 125 Elemento radioativo presente nas sementes utilizadas na braquiterapia permanente da próstata.

Isoflavonas Definição genérica utilizada para seis diferentes tipos de nutrientes encontrados principalmente na soja. Acredita-se que as isoflavonas sejam aliadas importantes no combate ao câncer.

L

Libido Desejo, aqui utilizado como referência ao desejo sexual, englobando aspectos físicos e psicológicos.

Licopeno Caroteno encontrado no tomate e em outros frutos de cor vermelha ao qual é atribuída ação antioxidante e eficácia na prevenção do câncer de próstata.

Linfonodos Ver "Gânglios linfáticos".

Lobo Segmento ou gomo de um órgão delimitado por sulcos ou secções. A próstata é divida em dois lobos laterais (direito e esquerdo), uma zona anterior à qual ambos convergem e um lobo central (ou mediano).

M

Material genético Fator hereditário presente no DNA.

Meia-vida Tempo gasto para que metade de um medicamento seja metabolizado pelo organismo ou para que uma fonte radioativa perca metade da radiação. Essa informação é fundamental para a escolha da fonte utilizada nos diferentes tipos de braquiterapia.

Melanina Pigmento de tonalidade escura que, em menor ou maior quantidade, determina a cor da pele, dos cabelos, dos olhos etc.

Metástases Agrupamentos de células cancerosas que surgem em outras partes do organismo ao se desprenderem do tumor de origem, invadirem os vasos sangüíneos ou os vasos linfáticos e migrarem pelo corpo, caracterizando o chamado câncer disseminado.

Micção Expulsão da urina; ato de urinar.

N

Nanograma (ng) Unidade de massa equivalente à bilionésima parte do grama. A contagem do PSA é medida em ng/ml, indicando a quantidade de antígeno, em nanogramas, presente em cada mililitro de sangue.

Neoplasia Crescimento anormal de determinado grupo de células, que forma uma lesão que pode ser benigna ou maligna.

Nódulos Protuberâncias palpáveis em determinado tecido que podem ou não ser indício de câncer.

Nódulos hipoecóicos (hipoecogênicos) Característicos das lesões cancerígenas, são áreas de consistência quase fluida que não costumam responder bem ao ultra-som convencional.

O

Ômega-3 Ácido graxo (gordura) essencial para o organismo, reduz o colesterol ruim, protege o sistema cardiovascular e desempenha importante papel na prevenção do câncer de próstata. É encontrado principalmente em peixes de água fria (salmão, atum, sardinha...).

Oncogenes Genes que induzem a proliferação celular anárquica e a manutenção do crescimento desenfreado de células mutantes a despeito dos mecanismos supressores.

Oncologista Médico especializado em câncer e em neoplasias benignas.

Orquiectomia Ver "Castração cirúrgica".

P

Paraefeito Efeito colateral. Ação não desejada de um tratamento ou medicamento.

GLOSSÁRIO

Patologista Médico especializado no estudo das estruturas e do funcionamento das doenças, bem como dos tecidos e das células que podem estar sujeitas a elas.

Pélvis Zona inferior do abdome, localizada na altura do quadril, onde se localiza o aparelho reprodutor, os órgãos urinários e o intestino.

Períneo Faixa estreita localizada entre o órgão sexual e o ânus.

Placebo Cápsula de farinha, sem propriedades medicinais, administrada em testes com o intuito de comparar os resultados obtidos por indivíduos que tomaram um medicamento real e aqueles que, sem saber, tomaram placebo. Muitas vezes, notam-se alterações fisiológicas ou metabólicas em razão do efeito sugestivo do falso remédio.

Polifenóis Substâncias químicas complexas com função antioxidante encontradas em vegetais como uva, alcachofra e folha de chá.

Polissacarídeos Carboidratos como o amido (nos vegetais) e o glicogênio (nos animais), que atuam como reservas de energia.

Próstata Glândula com o tamanho e o peso de uma noz, localizada na região da pélvis dos homens. Responsável por produzir um fluido importante para a proteção e a nutrição dos espermatozóides em seu trajeto até o óvulo, ela integra o sistema reprodutor masculino.

Prostatectomia Cirurgia que consiste em retirar a parte interna da próstata, responsável por estrangular a uretra em caso de crescimento benigno da glândula. A expressão também é utilizada para se referir à prostatectomia radical, remoção cirúrgica total da próstata, das vesículas seminais e dos gânglios linfáticos, utilizada no tratamento do câncer localizado.

Prostatite Inflamação da próstata.

PSA Sigla em inglês para Antígeno Prostático Específico. Proteína sintetizada e secretada exclusivamente pelas células prostáticas e que tem sua presença no organismo aumentada em razão do crescimento da glândula. Dosada no exame de sangue, tem sido usada como marcador do câncer de próstata.

Q

Quimioterapia Tratamento do câncer disseminado feito por meio de medicamentos capazes de interromper a proliferação de um tumor e destruir células malignas.

R

Radioterapia externa Tratamento do câncer caracterizado pela incidência, na região do corpo afetada pela doença, de um feixe de radiação ionizante originada em um aparelho localizado a alguns centímetros do paciente.

Recidiva Reaparecimento de uma doença, como o câncer, algum tempo depois de sua cura aparente.

Ressonância magnética Método de diagnóstico por imagem possibilitada pela emissão de ondas de radiofreqüência em um campo eletromagnético. Permite a captura de imagens do interior do corpo tomadas de qualquer ângulo visual desejado.

Reto Última porção do aparelho digestivo, localizado entre o cólon e o ânus.

S

Selênio Nutriente com função antioxidante encontrado em peixes, carnes, cereais e vegetais cultivados em solo rico nesse mineral. Seu consumo reduz o risco de câncer de próstata.

Sêmen Ver "Esperma".

Sistema imunológico Mecanismo de defesa do organismo.

Sobrevida Esperança de vida após a doença.

Sonda Ver "Dreno".

SUS Sistema Único de Saúde.

T

Tecido Conjunto de células com aspecto semelhante e que desempenham a mesma função em um organismo.

Teleterapia Ver "Radioterapia externa".

Testículo Glândula masculina que produz os espermatozóides e a testosterona.

Testosterona Principal andrógeno, ou hormônio masculino, serve de alimento para as células do câncer de próstata, contribuindo para seu crescimento e sua proliferação.

Toque retal Exame diagnóstico que consiste na palpação da próstata por meio da introdução do dedo indicador, devidamente enluvado, através do ânus do paciente. A textura e o volume da glândula podem ser avaliados pelo médico, bem como a presença de um tumor.

Tumor Neoplasia. Lesão expansiva provocada pela proliferação desordenada de um grupo de células mutantes. Pode ser maligno ou benigno.

U

Ultra-som (ultra-sonografia) Também chamado de ecografia. Exame diagnóstico por imagem possibilitado pela reflexão de ondas de ultra-som dirigidas aos tecidos investigados. A ultra-sonografia da próstata é feita com a introdução de um transdutor de ecografia (aparelho responsável pela emissão do som) através do ânus.

Unacon Abreviação de Unidade de Assistência de Alta Complexidade. Um dos tipos de serviço de tratamento do câncer vinculados ao Sistema Único de Saúde.

Uretra Também chamado canal uretral, serve de rota de escape para a urina e o esperma, atravessando a próstata e o pênis desde a bexiga e as vesículas seminais até o exterior.

Urologista Médico especializado no tratamento das doenças das vias urinárias e dos órgãos sexuais masculinos.

V

Vasodilatadores Substâncias utilizadas no tratamento de angina e hipertensão que relaxam os músculos dos vasos sangüíneos, aumentando seu calibre. Os vasodilatadores também incluem os fármacos com ação seletiva, que permitem a ereção peniana de homens com impotência sexual, como o sildenafil (Viagra).

Vesículas seminais Localizadas nas cercanias da próstata, as duas vesículas seminais produzem nutrientes para os espermatozóides e armazenam temporariamente o esperma, liberando-o com o líquido seminal no momento da ejaculação.

Vigilância ativa Método adotado por muitos oncologistas que consiste em monitorar o desenvolvimento de um câncer ainda incipiente e evitar qualquer intervenção cirúrgica, radioterápica ou medicamentosa, até que ele demonstre risco efetivo à saúde do paciente.

Bibliografia

Livros

BOGLIOLO, Luigi. *Bogliolo, Patologia*. 7ª edição. Rio de Janeiro: Guanabara Koogan, 2006.

BORJA, Maria Isabel e VASSALLO, Márcio (organizadores). *O livro dos sentimentos*. Rio de Janeiro: Guarda-chuva, 2006.

BRANDÃO, Ignácio de Loyola. *Veia bailarina*. São Paulo: Global, 1997.

CHEVALIER-MARTINELLI, Chantal. *Convivendo com o câncer*. São Paulo: Larousse do Brasil, 2006.

FAGUNDES, Luiz Alberto (*et al.*). *Câncer de próstata: novos caminhos para a cura*. Porto Alegre: AGE/Fundação de Radioterapia do Rio Grande do Sul, 2002.

GORIN, Ilan. *Sem medo de saber*. Rio de Janeiro: Sextante, 2007.

HOLLAND, Jimmie C. e LEWIS, Sheldon. *The human side of câncer: living with hope, coping with uncertainty*. Nova York: HarperCollins, 2000.

ITUASSU, Arthur e ALMEIDA, Rodrigo de (organizadores). *O Brasil tem jeito?* (volume 2). Rio de Janeiro: Jorge Zahar, 2007.

NOVAES, Adauto (organizador). *Ensaios sobre o medo*. São Paulo: Senac, 2007.

PALMA, Paulo e NETTO JR., Nelson Rodrigues. *A próstata*. São Paulo: Contexto, 2001.

SROUGI, Miguel. *Próstata: isso é com você*. São Paulo: Publifolha, 2003.

VARELLA, Drauzio. *Borboletas da alma*. São Paulo: Companhia das Letras, 2006.

YOUNES, Riad Naim. *O câncer*. São Paulo: Publifolha, 2001.

ZERBIB, Marc e PEREZ, Martine. *Próstata: 100 perguntas e respostas*. São Paulo: Larousse do Brasil, 2003.

Publicações, artigos e periódicos

AGÊNCIA NACIONAL DE SAÚDE SUPLEMENTAR. *Caderno de informação da saúde suplementar: beneficiários, operadoras e planos*, Brasília, set. 2007.

AMERICAN CANCER SOCIETY. Cancer Statistics 2006, *CA: A Cancer Journal for Clinicians*, Atlanta, mar./abr. 2006.

_____. Familial prostate cancer: meta-analysis of risk and survey of screening behavior. *CA: A Cancer Journal for Clinicians*, Atlanta, set./out. 2003.

BIANCARELLI, Aureliano. Caso para UTI. Sindicato dos Metalúrgicos do ABC, *Revista do Brasil*, São Bernardo do Campo, set. 2006.

CIMIERI, Fabiana. Em 2 anos, 1 milhão a mais com câncer. *O Estado de S. Paulo*, São Paulo, 27 nov. 2007.

EPSTEIN, Jonathan I. (*et al.*). The 2005 International Society of Urological Pathology (ISUP) Consensus Conference on Gleason grading of prostatic carcinoma. *American Journal of Surgical Pathology*, Filadélfia, set. 2005.

GROVE, Andy. Taking on prostate cancer. *Fortune Magazine*, Nova York, 13 maio 1996.

KINGSBURY, Kathleen. The changing face of breast cancer. *Time Magazine*, Nova York, 15 out. 2007.

MINISTÉRIO DA SAÚDE. Saúde terá R$ 49,69 bi em 2007, *Revista Saúde, Brasil*, Brasília, jan./fev. 2007.

MINISTÉRIO DA SAÚDE, INSTITUTO NACIONAL DE CÂNCER, *Estimativa 2008: incidência de câncer no Brasil*. Rio de Janeiro, nov. 2007.

MINISTÉRIO DA SAÚDE, INSTITUTO NACIONAL DE CÂNCER. *Situação do câncer no Brasil*, Rio de Janeiro, 2006.

MINISTÉRIO DA SAÚDE/SECRETARIA DE GESTÃO ESTRATÉGICA E PARTICIPATIVA. *Painel de indicadores do SUS*, Brasília, 2007.

NATIONAL HEALTH ACCOUNTS UNIT, ORGANIZAÇÃO MUNDIAL DA SAÚDE. *World Health Statistics 2007*, Genebra, 2007.

OLIVEIRA, Juarez de Castro (*et al.*). Projeção da população do Brasil por sexo e idade para o período 1980-2050 (Revisão 2004). Instituto Brasileiro de Geografia e Estatística, Rio de Janeiro, out. 2004.

PIENTA, Kenneth J. e ESPER, Peggy S. Risk factors for prostate cancer. American College of Physicians, Annals of Internal Medicine, Washington DC, 15 maio 1993.

SANTILLO, Vincent M. e LOWE, Franklin C. Role of vitamins, minerals and supplements in the prevention and management of prostate cancer. *International Brazilian Journal of Urology*, Rio de Janeiro, jan./fev. 2006.

SANTINI, Luiz Antonio. A dupla face do gasto público. *Revista Conjuntura Econômica/FGV*, Rio de Janeiro, abr. 2006.

_____. A luta contra o câncer: por novo paradigma. *Correio Braziliense*, Brasília, 26 nov. 2005.

SHAMI, Najua Juma Ismail Esh e MOREIRA, Emília Addison Machado. Licopeno como agente antioxidante. *Revista de Nutrição*, Campinas, abr./jun. 2004.

SOUZA, Renilson Rehem de. O sistema público de saúde brasileiro. Seminário Internacional Tendências e Desafios dos Sistemas de Saúde nas Américas, São Paulo, ago. 2002.

SROUGI, Miguel. Darwin e as doenças do homem maduro. *Folha de S. Paulo*, São Paulo, 13 ago. 2006.

DAD'S prostate cancer ups sons's risk of the disease. *Reuters Health*, Nova York, 18 abr. 2003.

Internet

www.ans.gov.br
www.astrazeneca.com.br
www.cancerline.com
www.datasus.gov.br
www.drauziovarella.ig.com.br
www.fleury.com.br
www.ibge.gov.br
www.inca.gov.br
www.pdamed.com.br/diciomed/pdamed_0001_aa.php
www.who.int

Agradecimentos

Para escrever este livro, contamos com a generosa colaboração de alguns dos mais destacados profissionais de saúde do Brasil, a quem gostaríamos de estender nosso sincero agradecimento.

De Drauzio Varella e Miguel Srougi, agradecemos as palavras de incentivo, que nos encorajaram quando este trabalho ainda habitava o plano das idéias. Parceiros de primeira hora e personagens desta narrativa, confiaram no projeto desde o início e contribuíram para que nós, embora leigos, ousássemos seguir adiante. Obrigado pela generosidade, pela atenção, pelas entrevistas e pelas sugestões. Sua notável capacidade de transmitir conteúdo científico de forma simples e clara não apenas veio ao encontro das nossas expectativas, como também conquistou nossa admiração.

Outro colaborador-personagem a quem muito devemos é Shalom Kalnicki, radioncologista brilhante que, literalmente, plantou a semente deste livro em 5 de junho de 2003. De Nova York, por telefone e e-mail, nos enviou notícias frescas sobre o universo pulsante da oncologia americana e nos ajudou a recompor datas e episódios vividos cinco anos atrás.

Assim que arregaçamos as mangas, Marco Arap, Paulo Eduardo Novaes, Roberto Antônio Pinto Paes e Mia Olsen de Almeida somaram-se ao time de craques. Cada um em sua especialidade, atacaram como consultores em entrevistas para lá de valiosas e fecharam a defesa com suas leituras críticas. Não só nos permitiram corrigir as faltas cometidas em campo, como injetaram maior densidade à partida. A riqueza de detalhes de seus apontamentos nos possibilitaram abordar o câncer de forma mais abrangente e humana: bom para os autores, bom para o leitor.

Agradecemos aos parceiros Mariângela Araújo e Vicente Mendonça, que deram forma, cor e textura às nossas páginas, e a Simone Amâncio, fiel escudeira nas questões administrativas e nos muitos cafés.

Agradecemos ainda aos amigos e familiares que, de perto ou a distância, acompanharam a redação destas linhas e as enriqueceram com suas sugestões e seus comentários. Não vamos tentar nomeá-los para não cometer injustiças.

Finalmente, nosso agradecimento aos editores da OIRÃ, que se debruçaram sobre este trabalho e enxergaram neste projeto um produto possível. Seu olhar atento e a precisão cirúrgica de seu bisturi editorial lograram lapidar a obra, formatá-la e torná-la realidade. Nosso mais sincero obrigado.

Os autores

Esta obra foi composta pela OIRÃ
e impressa pela RR Donnelley
em junho de 2008